抗争

溝口 敦

Mizoguchi Atsushi

小学館
101
新書

目次

まえがき　4

第一部　暴力団の戦後史

第一章　山口組三代目・田岡一雄　全国制覇と殺しの系譜　9
第二章　大阪戦争―組長を撃った男・鳴海清の最期　25
第三章　山口組四代目・竹中正久暗殺現場の壮絶　45
第四章　四代目暗殺に怒濤の報復「山一抗争」の結末　65
第五章　宅見勝・山口組若頭の命はなぜ狙われたか　83

第六章　住吉会幹部射殺と國粋会会長・工藤和義自死の連関　99

第二部　実録ヤクザ外伝

第一章　広島抗争「仁義なき戦い」の赤裸な実像　117
第二章　凄惨な仲間殺しが繰り返された沖縄抗争　135
第三章　双方のトップが凶弾に倒れた北見抗争　151
第四章　名古屋抗争で中京統一を果たす弘道会・司忍の肉声　169
第五章　残忍な仇討ちを重ねる九州抗争はなお続く　187

あとがき　202

まえがき

ヤクザ映画を見て、自分も何か強くなったような気がして、映画館を出てから昂然と胸を張って歩いたという記憶を持つ人は少なくない。ヤクザ映画は多少とも人を高揚させるようだ。

これはなぜなのか。主役の男は我慢に我慢を重ね、たび重なる敵の悪辣さに耐えに耐えたが、ついに爆発、死を覚悟の上、敵陣に乗り込み、当たるを幸い敵をバーッタ、バーッタとなぎ倒す。そういう暴力の爽快さ、あるいは憎い強大な敵が最終的には倒され、悪が懲らされることに、観衆はカタルシスを覚える仕掛けなのか。

ヤクザ映画に限らず、アクション物には暴力という見せ場がある。また日本の作品に限らず、『ゴッドファーザー』や『公共の敵』など、マフィアやカンペ（韓国ヤクザ）を描いた作品にもこうした暴力による「心の浄化作用」があるはずである。

ヤクザ映画と現実のヤクザは違うが、暴力団抗争は多くの男の興味・関心を引く。自分の命を賭けて相手の命を取る。相手の命を取る職業や立場には兵隊や警察、仇討ちする侍などがあるだろうが、個と個の間で命を取りっこする点では、暴力団の抗争が最も原型というか、裸に近い。なにしろ法律や集団、愛国心、大義名分などに飾り立てられることが一番少なく、ほぼそのままの姿で観衆の前に投げ出される。

暴力団の抗争は殺しに行って逆に殺されるかもしれないという危険が伴う。しかもその殺しには免責がない。殺した以上、以後は息をひそめて隠れ住むか、逃亡するか、服役するか、とにかく自己責任で自分に落とし前をつけなければならない。殺したという悪事の罰は法律で定められている。よって敵陣への殴り込みには悲劇性と切迫感が伴い、その分、見る者のアドレナリンも余計分泌される。

ところが現在、暴力団は抗争すべきでないとされている。今年（12年）、通常国会に提出される改正暴力団対策法案にも「特定抗争指定暴力団」という一項が加えられた。「特定」した上、「指定」するとはどういうこっちゃと首をかしげざるを得ないが、要するに敵対組織との抗争を繰り返す暴力団は一般住民を巻き添えにして、住民に危害を加える恐れがあるという理屈による。

裁判でも一般人の犯罪に対するより、暴力団組員への量刑が重い。裁判官は組員の量刑を重くすることで見せしめにし、以後の抗争発生を事前に抑えたい。東京・西麻布での住吉会系幹部射殺事件では、敵の幹部一人を殺した二人の組員に対して、平然と懲役三十年と無期を宣告している。

戦前の裁判官は考えが逆だった。どうせ街のごろつきがごろつきを殺したのだ、結局はごろつきの数が減って結構なことじゃないかと思ったのか、組員一人の殺しに対して数年間の懲役が科される程度だった。

どっちもどっちだが、どちらにしろ「法の下での平等」は日本では絵空事である。

たしかにこれまで誤射や人違い銃撃、流れ弾などによって殺傷された一般住民や警察官がいる。安全であればあるほど住みやすいという世論の前では、たしかに抗争がない方がよい。それはその通りなのだが、誤射や流れ弾被害の発生率は低く、戦後の抗争史を振り返ってみても、指折り数えるほどの発生件数でしかない。

おまけに暴力団自体も抗争を嫌っている。ヘタに自派の組員が抗争の巻き添えで住民を殺傷すると、実行犯の組員ばかりか暴力団のトップが共同不法行為の責任ばかりか、民法や暴対法上の「使用者責任」を問われ、高額な損害賠償金を請求されるからだ。それを払うのが嫌だから、可能なかぎり争いの火種が小さいうちにカネで解決し、抗争は押さえ込みたい。

しかしこれは一面虫のいい考えである。暴力団は山口組の竹中正久四代目組長が明言したように、本質が「かげ花の極道」なのだ。一般人がとうの昔に警察に預けた暴力を未だに警察に預けず、自力行使するルール違反を犯している。そういうルール違反による「暴力的威迫力」で稼いだカネを惜しんではなるまい。世間に散らすべきである。なにも下部の組員が強行した襲撃で上層部を刑務所に入れようというのではない（「使用者責任」は民法上の概念だから、刑事罰は不可能）。上は単にカネを払えば済む話である。カネを散らしてこそ、世間は嫌々ながらでも暴力団の存在に目をつぶるわけだろう。

抗争をやらざるを得ないのなら、ドンパチやればいいのだ。暴力団同士がやり合うかぎり、世間はそう目くじらを立てまい。だいたい相手取るのが暴力団である以上、暴力団は相手を虫けらのように殺して自責の念や罪悪感で悩み苦しむことがないようだから、自分の命も同じように軽いと考えなければならない。逆にいえば、わが命を鴻毛の軽きに置いてこそ、抗争に従事する資格を持つ。

だからこそ暴力団のメンバーではない一般人の野次馬は、あの人はすごいね、と一目置く。暴力団は暴力の一点でプロであり、プロだからこそ世間は道徳律からの例外を認める。

暴力団はない方がいい。しかし暴力団対策法は暴力団の存在を認めている。法は抗争が起きることも想定して、そのような場合、組事務所の使用を禁じるなどと定めている。現実に戦後、暴力団は何度も抗争を繰り返してきた。

抗争は暴力団の持つ人間くささ、つまり傲慢、嫉妬、憤怒、怠惰、強欲、色欲、自己顕示欲などの諸悪が肥大化した果てに発現する。しかもそのやり方は告発や告訴、訴訟、誹謗中傷、名誉毀損などによるのではなく、そのものずばりの物理的暴力による。上層部が企画立案して命令し、下部が鉄砲玉になって敵にぶつかるという組織の非情と悲哀を含みつつ、全体が人間の持つ野蛮さの解放である。だから抗争は安全な場所に身を置いた男たちの慰謝になる。

第一章 山口組三代目・田岡一雄 全国制覇と殺しの系譜

田岡一雄・山口組三代目

第一部
暴力団の
戦後史

組員二人に一人は山口組

戦後、神戸が産み出した日本一はダイエーと山口組だけと、かつては言われていた。しかし今、ダイエーは凋落して昔の面影はなく、山口組だけが暴力団組員二人のうち一人は系列組員というガリバー型寡占を誇っている。構成員数でいえば、二位は東京の住吉会、三位は稲川会であり、山口組以下の上位三団体は「広域団体」として警察の扱いも特別だが、内実は二、三位が連合しても、山口組一つに及ばない。

戦後の焼け跡から再スタートを切ったころには、どの組もドングリの背比べだった。団体間で大きく差が開いた理由は、組員が命と懲役をかけて戦う抗争からどれだけ逃げなかったかによる、といえそうだ。

たとえばA組の組員がB組の組員とケンカして、殺したとする。A組は多額の香典や弔慰金を持ってB組を訪ね、「殺った組員は警察に自首させます。どうかこれで勘弁して下さい」と持参のカネを差し出して詫びる。これで次の抗争（報復のための二次抗争、再報復のための三次抗争など）がなしですむなら、合理的で、人道にもかなっていると、一応いえるかもしれない。

だが、年がら年中カネで解決していては、暴力団はジリ貧になる。なぜなら暴力団である以上、周りに恐れられてナンボだからだ。一昔前、組の幹部はよく「ケンカに勝てば、自然にカネが湧いてくる」と口にした。地元企業の社長などは何かトラブルを抱えたとき、抗争に勝った組を訪ねて、解決してくれるよう頼む。負けた方に頼んだら、持参のカネが死に金になることが明らかだからだ。暴力団同士が商売（シノギ）の場でバッティングし、互いに名刺を交換した場合、退くのは必ずケンカに負けた組である。

暴力団が抗争すると、経費がかかる。実行犯の組員が逃亡すれば潜伏するための旅費、宿泊費、生活費。逮捕され、また服役すれば、弁護士代、面会・差し入れ費、留守家族の生活費、あらゆる局面でカネがかかる。

敵側の首領一人を殺すためには尾行などの所在確認、追跡要員、三～四人から成る襲撃部隊、現場指揮者、見届け要員、逃走幇助要員など、平均して十数人の組員が必要になる。首尾よく敵首領の殺害に成功しても、早晩、警察の摘発を受けて、前記の諸経費がかかる。暴力団の出費が巨額に達することは容易に想像できよう。

ひきくらべ相手側に弔慰金を払うことで抗争を回避するのは、抗争した場合の経費をカットする経済合理性にちがいない。費用対効果の点からは暴力を振るってばかりではいられない。しかし暴力団が周囲に「恐怖印」のイメージを植えつけるためには、抗争回避は得策ではない。

結局、山口組は他の暴力団に比べて、数年ごとに血で血を洗う大抗争を繰り返すことで、今日の大を築いたともいえよう。だいたい抗争は利害関係のない野次馬にとって、大きければ大きいほど面白く、一種の娯楽になり、慰めになる。こうした抗争の効果で山口組幹部の名を聞けば、なんとなく顔が思い浮かぶマニアさえいる。つまり抗争により組や幹部の知名度、認知度が上がり、ひいてはそれが強さイメージにつながっていく。たまの抗争は組のためのPR経費といって過言ではない。

とはいえ、激しい抗争は山口組に限った話ではない。1950～60年代に起きた広島抗争（広島代理戦争、映画『仁義なき戦い』で名高い）、70年代から80年代に起きた（第四次）沖縄抗争、06年から今に至る道仁会—九州誠道会抗争などでは多数の死者や負傷者、逮捕・服役者を出した。

こうした抗争を続けた暴力団はそれぞれ「恐怖印」を身につけることに成功し、それなりに果実を手にしたはずだが、地方在の小団体であることがマイナスして、短期間、あるいは間欠的に世の耳目を集めるだけに留まった。その点、山口組は大組織であり、神戸、大阪という関西の大都市を主要活動拠点としているだけに、過去の抗争の記憶が蓄積されたと見られる。

敗戦から一年後、山口組の三代目組長に上ったのは田岡一雄（1913～81年）である。およそ暴力団の組員が出世するためにはカネを上層部に運んで目を掛けられるか、喧嘩出入りで功を立てるか、どちらかである。田岡の場合は戦前という時代もあり、明らかに暴力の出である。

彼は神戸の高等小学校を出た後、川崎造船所の工員として世に出たが、ほどなく退職して当時の二代目山口組（組長・山口登）に接近する。36年山口登の若い衆となり、翌37年には早くも仲間の組員を殺している。

当時の山口組若頭（組内ナンバーツー）は大長一男であり、彼の弟政吉、八郎も山口組の若い衆だった。だが、真ん中の政吉は「悪漢政」と呼ばれるほどのワルで、組長の登から破門されていた。

政吉は神戸新開地の劇場菊水館の支配人にカネを無心し、断られると支配人を殴打し、その足で福原遊郭の大阪楼に上がった。菊水館の用心棒はやはり山口登の若い衆だったが、用心棒と田岡は大長政吉の後を追い、大阪楼の三階で政吉を見つけると、田岡が鉄びんで頭を殴り、用心棒が包丁で腕を刺した。

これに頭に来た下の弟の八郎は数時間後、やまとコートの下に短刀をのんで兵庫区切戸町の山口組に田岡を捜した。田岡は表に八郎の声を聞くと、床の間の日本刀を摑んで外に走り出、やにわに大長八郎を叩き斬った。八郎は病院に担ぎ込まれたが、まもなく絶命した。

これにより田岡は神戸地裁に殺人罪で起訴され、37年2月、懲役八年の刑を打たれた。神戸刑務所などで服役し、刑期をやや早めて43年に出所、翌44年、三一歳で深山フミ子と結婚している。

田岡は彼の年齢では珍しく兵役を経験していない。田岡の親分だった二代目組長・山口登は浪曲師広沢虎造を日活映画に出す、出さないで下関の興行ヤクザ籠寅組ともめ、東京・浅草で襲われたときの傷がもとで42年死亡した。

45年8月、敗戦を迎える。山口組組長の座は空席のままだったが、翌46年、組の舎弟などの推薦を受け、田岡は三代目組長に就任した。たとえ仲間殺しであっても、親分の山口登に害意を示す組員を除くのは功績に通じる。

田岡は大長八郎を殺害する前にも、傷害事件を何件か起こしている。幕内力士の宝川が山口登の舎弟である大関玉錦を侮辱したとして、宝川を短刀で襲い重傷を負わせ、また海員組合の労働争議に介入して組合長に切り付けたり——。暴力場面での胆力と機敏さは試し済みであり、組員数が三十数人に激減していた当時の山口組の中では、余人に代え難い人材だったはずである。

戦後の混乱期、全国で暴力団が陣取り合戦のスタートを切った。いち早く繁華な土地を占拠し、他を圧倒しなければ生き残りさえ覚束ない。法律は彼らの「縄張り」という権益を保証してくれず、弱肉強食だけがルールである。暴力団の本質は人を恐れさせる暴力であり、暴力のぶつけ合いが抗争である。

前記したように抗争に勝ち抜いていくためにはカネがかかる。抗争の責任を引き受ける忠実な人材も要る。田岡は単に兇暴なだけでなく、組織力にも経済力にも優れていた。

鶴田浩二襲撃事件

山口組は二代目山口登の時代から興行を手掛けていた。田岡は48年、先代山口登の七回忌追善興行の名で神戸・福原の関西劇場を借り、先代に縁が深い広沢虎造などの出演で浪曲大会を開いている。美空ひばりともデビュー間もなくの48年、接触を始めた。彼女はこのとき神戸松竹劇場で歌ったが、田岡は十一歳のひばりを抱えて新開地通りを歩いたと伝えられる。

興行は山口組経営の大事な柱だった。田岡は51年、大阪・難波スタジアムでひばりの野外ショー「歌のホームラン」を自主興行したころからひばりを影響下に収めたし、当時の人気俳優、鶴田浩二にも53年、触手を伸ばした。

正月、鶴田浩二は大阪・千日前、大阪劇場での「百万ドルショー」に出演し、夜は定宿である天王寺区の備前屋で休んだ。田岡の命を受けた若い衆、山本健一（後に山口組若頭、初代山健組組長）ら四人は宿に上がり込み、鶴田の頭をウィスキー瓶とレンガで殴りつけ、鶴田が気を失うと、表に待たせた黒塗り乗用車で走り去った。鶴田は救急車で近くの病院に運び込まれ、頭と手に十一針縫うケガを負ったが、俳優の命である顔は何も傷つけられていなかった。

しかし当代の人気者である鶴田浩二を襲って、ただで済むはずがない。事実、山本健一ら実行犯は日ならずして逮捕された。実行犯を誰にするか選任したのは当時の若頭・地道行雄であり、地道は田岡の受けがいい山本健一をあえて選抜し、潰しにかかったともいわれる。だが、地道本人は兵庫県警も捜査資料に特記する名若頭だった。

「地道が若頭になってからの山口組は、四国、中国、九州、大阪、岐阜等へ急速に勢力を伸張させ、各地で凄惨な抗争事件を反復しながら、おびただしい地方組織を吸収、主なものだけでも大阪柳川組、九州田中組、安藤組、二保一家、西川組、谷山組、長畠組、山陰小塚組、同柳川組、四国若林組、岡山熊本組、岐阜菊田組、愛媛大石組など無数にあり、この間、明友会事件、平田会鳥取支部襲撃事件、北九州における工藤組との抗争、岐阜大垣事件、広島における打越会、山村組の長期にわたる抗争事件など、暴力団史に残る大抗争事件のすべてに指揮をとり、百戦百勝、無敵の進撃を続け、山口組と地道の名は全国にとどろき渡ったのである」

兵庫県警でさえ胸を張って誇りにする、抗争に特化した若頭だったことは間違いない。

実は52年秋、田岡は東映京都撮影所で鶴田のマネジャーに会い、うちの仕事（まだ登記前の神戸芸能社、法人登記は57年）をしないかと持ち掛けたが、マネジャーは日程に空きがないからと断った。その年の暮れ、マネジャーは浅草海苔と五万円を持って「鶴田が大阪劇場の正月興行に出る。よろしく」と田岡に挨拶に行った。田岡は五万円を受け取らず、追い返した。田岡とすれば、「五万円ぽっちで、神戸芸能をなめているのか」と思ったにちがいない。そうであるなら、俺とのつき合い方を教えてやる──。

「正業を持て」

57年美空ひばりは浅草国際劇場で同い年の十九歳の女性から塩酸を浴びせられ、以降、それまで以上の庇護を田岡に求めた。田岡は同年神戸芸能社を法人登記し、その翌年にはひばりプロダクションを設立、その副社長に就いた。ひばりは「おじさんがいてくれると安心」と田岡を頼り切り、田岡もひばりの小林旭との結婚と離婚の後見役をつとめるなど、ひばりの面倒をよく見た。

こうして田岡の神戸芸能社は当時の二大スター美空ひばりと鶴田浩二を支配下に置き、多くの歌手や俳優の興行権を握った。田端義夫、里見浩太朗、山城新伍の他、神戸芸能社の扱い荷物（タレント）には橋幸夫、フランク永井、マヒナスターズ、舟木一夫、坂本九、三波春夫などがおり、山陰、四国、九州での興行権は神戸芸能社のものだった。同社は東京、大阪、岡山に支社を設けた。

田岡はまた日本プロレス協会副会長として浜松以西のプロレス興行権を獲得した。田岡の舎弟である東声会会長・町井久之は協会の監査役として関東、東北の一部興行利権を握った。錦政会（現、稲川会）には静岡と横浜地区、北星会（後に稲川会に加盟）には東北地区での興行権を認め、そのかわり、神戸芸能社の翼下にない歌手、俳優を提供

美空ひばりの離婚会見に同席した田岡一雄組長

させた。地方の群小暴力団に対しては、神戸芸能社の荷を扱いたいなら山口組に従えと、同社はあめ玉の役割を果たしたのだ。

山口組の大黒柱の二本目は神戸港の船内荷役だった。現在はコンテナ船が埠頭に接岸し、ガントリークレーンがコンテナごと船に積み込む。だが、当時は船からの荷下ろし、船への積み込みともアンコと呼ばれる荷役人夫が頼りだった。荷役人夫を組織したのが船内荷役業者である。

田岡は53年、自ら船内荷役業の甲陽運輸を設立し、以降、子分たちにも会社をつくらせて船内荷役業に進出させた。56年には横浜港の親分衆である笹田照一、鶴岡政治郎、藤木幸太郎らと語らい、全港振（全国港湾荷役振興協会）を結成し、その副会長になると同時に神戸支部長に納まった。全港振の顧問には当時の農林相・河野一郎を迎えるなど、政治力も発揮し、神戸支部を山口組系の荷役業者で独占したのだ。65年ごろ山口組系荷役業者二十社の年間収益は六十億円と推定された。

神戸芸能社も船内荷役業もいわば「正業」である。田岡は山口組の組員に「正業を持て」と口を酸っぱくして語っていた。船内荷役業に進出している山口組の組員はほとんどが舎弟（田岡の弟という意味）で、若い衆（田岡の子分）ではなかった。

だから当時、組員が「舎弟」という肩書きから受けるイメージは「組が喧嘩するとき、巨額のカネをはたいて抗争をバックアップする人」というものだった。組のための稼ぎ屋である。今「企業舎弟」という言葉が使われているが、山口組は四十五年も前に実質的に企業舎弟制度を調えていた。田岡は洞察力に富む予見の人だった。抗争にカネが要る事実を知り尽くして、必要に応えるためのシステムを考案していた。

正業の経営はまた暴力団であることを止め、オモテの事業に転進するための基盤ともなった。そのころ神戸で山口組と並び称されていたのは本多会だったが、会長の本多仁介は早くも63年、跡目を平田勝市に譲り、自身は倉庫業や沿岸荷役業に専念していった。平田勝市は本多会に替わって大日本平和会という暴力団を立ち上げ、山口組と対立を続けたが、97年解散した。現在、本多会系で残っているのは正業だけである。

田岡にも「正業」で生きる道があった。神戸芸能社と甲陽運輸はもともと田岡の会社だから、田岡が山口組の組長を引退して事業に専念すれば、押しも押されもしない神戸の事業家になれたにちがいない。だが、田岡は山口組の田岡であり続けて、斬って捨てたのは事業の方だった。組長という地位のどこに田岡が惹かれたのか、今となっては謎なのだが。

田岡は65年、心臓病に倒れ、長期間、尼崎市の関西労災病院で入院生活を余儀なくされた。兵庫県警は病床の田岡を訪ね、彼の引退と山口組解散の言質を取りたかったが、田岡は頑として解散を拒否しつづけた。

第一次頂上作戦

64年警察庁は初めて十大暴力団を指定した。山口組（神戸）、本多会（神戸）、柳川組（大阪）、錦政会（熱海）、松葉会（東京）、住吉会（東京）、日本國粋会（東京）、東声会

（東京）、日本義人党（川崎）、北星会（東京）の十団体である。同時に全国の警察は暴力団の全国一斉取締り（第一次頂上作戦）を開始した。

なぜ第一次頂上作戦だったのか。一つにこの年10月東京オリンピックの開催を控え、暴力団を抑える必要があったからだ。また62年に福岡事件（通称夜桜銀次と呼ばれた平尾国人が暗殺されたことをきっかけにする山口組の九州勢力と地元暴力団の凶器準備集合事件）、63年の第二次広島抗争、東声会による安藤組・花形敬刺殺事件、東声会組員による右翼田中清玄銃撃事件、住吉一家組員による力道山刺殺事件など、暴力団がらみの凶悪事件が相次いでもいた。

頂上作戦の結果、翌65年1月、まず関東の連合組織である関東会、次いで3月に北星会と錦政会、4月に本多会、5月に住吉会、9月に松葉会が次々と解散していった。当時山口組は若頭・地道行雄が日本國粋会会長・森田政治と兄弟分の盃を交わして同会を傘下に収め、東声会、柳川組に対してはそれより早く系列化していた。

山口組系の四団体だけは解散しなかったが、65年12月に日本國粋会が解散し、66年9月には東声会も解散した。69年には柳川組も解散し、田岡の山口組だけが断固、解散することを拒み続けて現在に至っている。

解散した暴力団も一～二年で名を変えて復活し、数年後には旧名に復している。いわば警察の顔を立てた解散で、これといったダメージを受けたわけではなかったが、田岡だけは解散を方便とは考えなかった。田岡は単に船内荷役を業とする舎弟連中の山口組脱退を認めただけである。

おそらく今、警察が暴力団の正業を潰しにかかるのはこのときに始まったことだろう。たとえ正業であっても暴力団に利益を上納するだろうから、暴力団の収益源になる。暴力団から脱退すれば業を認める、そうでなければ潰す、という論理は警察がまず山口組に適用したはずである。

若頭の地道行雄はこのとき山口組の解散を主張したばかりか、さんちかタウン（神戸三宮駅から海側にかけての地下街）の建設にからんで田岡が三〇〇万円のカネを取ったと警察で供述したという噂が流れた。地道は若頭から下ろされ、舎弟に変わったが、山本健一らは、田岡の意向に従わず解散を主張する地道に反発し、地道暗殺計画まで立てた。計画は実施に移されなかったが、地道殺しは仲間殺しにちがいない。

山口組での仲間殺しの典型は中野会（会長は元若頭補佐・中野太郎）による若頭・宅見勝の射殺事件だが、考えてみれば山口組―一和会抗争も仲間殺しだし、山口組中興の祖とでもいうべき田岡自身が仲間殺しに手を染めている。

山口組はガリバー型寡占がきわまって、五分に対抗できる勢力がない。よって山口組の幹部しか山口組の幹部は殺せないという理屈になるとは思えないが、近年は仲間殺しによって抗争原因を無性生殖しているともいえる。あげく、現在は民事訴訟で組長の使用者責任を問われることを恐れ、抗争ばかりか組員の喧嘩さえ禁止している。

抗争という演劇性を放棄して、暴力団の将来はない。だが、幸いなことに、抗争禁止はこの第一章から二十〜三十年先の話である。

第二章 大阪戦争――組長を撃った男・鳴海清の最期

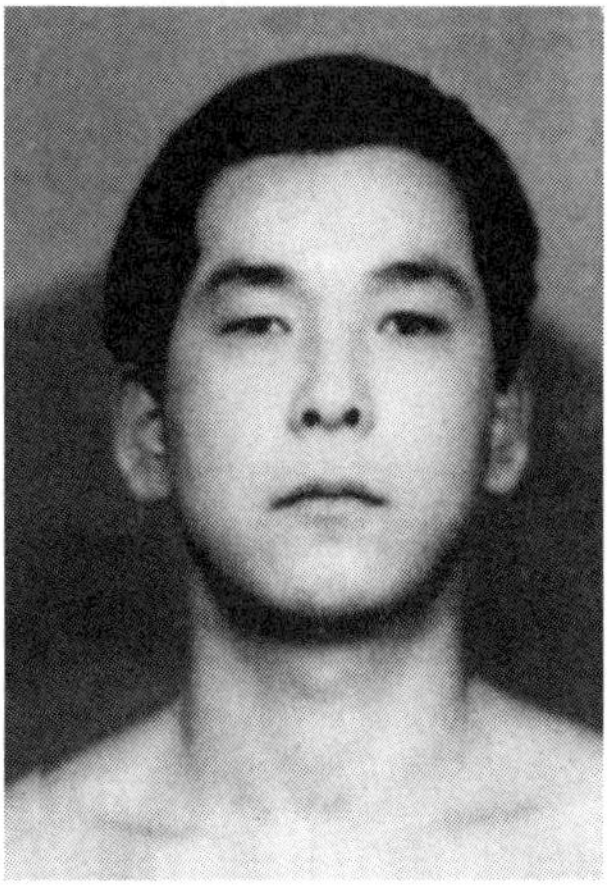

大日本正義団の鳴海清（左）
京都のナイトクラブ「ベラミ」（上）

ジュテーム事件

暴力団の縄張りや利権は商業登記されていない。法的にどこの誰の所有か記録し、保護されるものでないから、自派の暴力で維持するしかない。ということは、他の組が暴力で奪い取れることをも意味する。

大阪・西成に本拠を置いた松田組は戦後の結成だが、戦後派としては珍しくバクチを専業にする博徒集団だった。初代が松田雪重、二代目組長が樫忠義で、樫の時代には大阪市内に三十数ヵ所の常設賭場を持っていた。常設賭場は「常盆」ともいい、1975年（昭和50年）時関東で実現は不可能だった。暴力団主宰の賭場は警察の摘発を恐れ、転々と場所を替える性格のものだった。

だが、松田組は公然と三十以上の賭場を開いて、賭場それぞれの運営は系列下の団体に割り振っていた。大阪キタの賭場は松田組系溝口組が仕切り、75年ごろから山口組系佐々木組の系列組員が出入りするようになっていた。佐々木組は、名若頭とうたわれた地道行雄が率いる地道組の若頭だった佐々木道雄を組長とする組である。前章で触れたが、地道は兵庫県警による山口組壊滅作戦の結果、山口組の解散を主張したことで、組長・田岡一雄にうとまれ、若頭を解任された後、69年に病没した。

若頭は組内ナンバーツーの重職である。ふつうは組名を後世に残す意味で「二代目地道組」と名乗ることを許されるのだが、佐々木道雄が跡を継いでも、組名は単に「佐々木組」だった。田岡は地道に執念深く怒りを感じ、二代目名乗りを許さなかった。

佐々木は暴力と頭脳を兼備した経済ヤクザだった。他団体にも顔が広く、率いる佐々木組は他団体に対して押しが太かった。

ところで山口組本家を一次団体とすると、佐々木組は二次団体になる。その傘下の徳元組は三次団体、さらにその下の切原組は四次団体になる。山口組では五次団体まで数えることができるが、四次団体といえば暴力団でも末端に近い。

その末端に近い佐々木組系切原組の組員三人が大阪キタの溝口組の賭場で横着なマネをした。サゲ銭なし（金を持たず）、口張り（金を張らず、口でいう）を繰り返し、あげく7月26日には拳銃を取り出し、これで一〇〇万円コマ（賭け金）を回せと凄んだ。賭場荒らしである。当時、拳銃一丁は二十万円程度だった。

切原組の挑発を笑って許すようでは賭場が立ちいかない。溝口組は当然咎め立てしたが、切原組も腹にいちもつあり、話をつけようと溝口組の組員二人を連れ出し、豊中市内の喫茶店「ジュテーム」に入った。

大日本正義団（当時は初代会長・吉田芳弘）も松田組の傘下で、松田組のもめ事ではいつも先頭に立って解決してきた。会長・吉田芳弘の実弟は吉田芳幸（後に二代目大日本正義団会長）といい、同じく松田組傘下で吉田組を率いていた。

この吉田芳幸は、佐々木組系の切原組組員三人が溝口組の組員二人を連れて豊中市に向かった、今から溝口組の組員が彼らを追いかけると聞いて、「しっかり話つけんといかん」と最後の確認を取った。芳幸によれば、これは切原組の組員を「殺れ」という意味だったという。

その日の深夜、溝口組は乗用車二台で「ジュテーム」に乗り付け、店内で拳銃を発射、切原組の組員三人を射殺し、一人に重傷を負わせた。

溝口組は完膚なきまでに切原組を痛めつけたわけだが、当初、山口組は静観していた。元をただせば賭場荒らしをした佐々木組系組員が悪いのだし、四人が死傷したといっても、佐々木組の末端、四次団体の組員たちである。大勢に影響なしとのんびり構え、相変わらず松田組系の賭場で遊ぶ山口組系組員もいた。

山口組の中でわずかに動いたのは梶原組ぐらいで、溝口組の射殺犯が逮捕された後、大阪地検前で刺身包丁を持って犯人を待ち伏せたり、松田組系で溝口組の上に位置する村田組組長・村田岩三宅にカチコミ（建物への撃ち込み）をしたりする程度だった。

当時、山口組の若頭は山本健一（初代山健組組長）だった。彼は地道行雄と犬猿の仲で、一度は地道の暗殺を策したほどである。山健が地道の流れを汲む佐々木道雄と仲がいい道理がない。よって佐々木組の末端組員が殺られたところで、佐々木組が単独で返し（報復）をしたらいい、山口組全体で松田組系に当たるなど、愚の骨頂と考えていた。

松田組の方も佐々木組に対し一方的に被害を与えた、謝罪したいという意向を山口組若頭補佐だった菅谷政雄（菅谷組組長）に伝え、菅谷が和解のため仲裁に動き出した。

松田組は系列がわずか二十団体、約三〇〇人の小組織にすぎなかったが、その系列は好戦派が多かった。彼らは仲裁の動きを知らず、神戸の山口組本部に銃撃を仕掛けた。

これで山口組は硬化した。中でも若頭補佐・中西一男が率いる中西組の組員・羽根恒夫（後に羽根悪美と名乗る）は同年9月、大阪・住吉区の松田組・樫組長宅にパトカーの張り付け警備をおして、拳銃弾三発を撃ち込んだ。

三代目組長・田岡一雄は羽根のこの行為をよしとした。羽根の出所後、二次団体の組員にすぎなかった羽根をいきなり直系組長の一人に取り立てた。逆に和解に向けて動きかかった菅谷政雄は他の要因もあるのだが、後に菅谷組の解散と引退という詰め腹を切らされた。いかに田岡がやられたら、やり返す習性を持っていたか、こうした人事にも窺えよう。田岡自身が山口組切っての武闘派だった。

ちなみに羽根組の準組員・徐裕行は95年4月、オウム真理教の最高幹部・村井秀夫を総本部前で刺殺し、羽根悪美の引退、羽根組解散の遠因となった。

大日本正義団

羽根が松田組長宅に撃ち込んだその夜、数時間後に南区の中西組事務所が襲われた。中西組の組員二人が事務所前に車を停めて警備中、大日本正義団の組員二人と女一人が乗る車が接近、手前で男女が降り、カップルを装って徒歩で警備の組員に近づいた。乗り捨てた車はもう一人の組員が運転し、二人を追尾した。徒歩の組員は警備の車に達すると、いきなり窓から拳銃を突っ込み、三発を発射して一人を射殺した後、追尾の車に飛び乗って逃走した。

しかし、山口組は松田組側に効果的な反撃を加えられなかった。抗争の激化を恐れる大阪府警の張り付け警備と、松田組側の警戒で付け入る隙がなかったのだ。

年が改まった76年7月、田岡は若頭の山本健一を呼び出し、「健、お前、どないしよるつもりや」と詰問した。

抗争をどう差配するかはひとえに若頭の務めである。若頭は別に行動隊長を立て、敵への襲撃を敢行させるが、若頭が抗争の全面にわたって指揮しなければならない事情は変わらない。トップの組長に殺人教唆などの累を及ぼさないため、組長―若頭間の連絡を抗争最中は切る場合さえある。

山本健一としては、やはり松田組への返しはおおもとの原因をつくった佐々木道雄にやらせるのが一番と考えていた。

佐々木組では足がつかないよう毎日レンタカーを借りて大日本正義団の事務所周辺を流し、会長・吉田芳弘の動静を探り続けた。その年、10月にチャンスが到来した。

吉田芳弘が女性とボディガードの組員を連れ、大阪・日本橋筋の電機店に買い物に出た。佐々木組系の組員二人は吉田を追尾し、吉田が店内に入ると、路上で待ち伏せに入った。

午後一時過ぎ、吉田が買い物を終え、待たせていた車に乗り込もうとしたとき、背後から二人は吉田に近づき、二メートルの至近距離から三発ずつ吉田に向けて発射した。吉田はもんどり打ってその場に倒れ、二人は徒歩で逃走した。十分後、吉田は出血多量で死んだ。

山口組は四人を殺され、一人を殺し返したにすぎない。しかし暴力団の命は位により値打ちの上下がある。小なりとはいえ、大日本正義団のトップである吉田芳弘のタマ（生命）は末端組員四人の命に匹敵しようと山口組は考え、ひとまず松田組への報復を手控えた。

だが、会長の吉田芳弘を殺された大日本正義団では「これで差し引きゼロ」とは考えず、山口組に取られすぎたと考えた。二代目会長に吉田芳弘の弟、吉田芳幸を立て、山口組への再報復を誓ったのだ。組員の鳴海清は火葬した芳弘の遺骨をかじって、必ず田岡に思い知らせてやると誓っていた。彼らのターゲットはエスカレートして、田岡一雄本人に照準を定めたのだ。

やったりやられたり、報復を繰り返していると、いきおい標的は上の位、上の位へと上がっていく。つまり暴力団のトップは下の者が喧嘩する度に命を狙われかねない。そのため関東の暴力団の連絡会である「関東二十日会」では、抗争は一次抗争でとどめ、「二次抗争に広げない」を内規にしている。

やったら即打ち止めで、相手にやり返させない。これにより暴力団首脳部の安全は保たれるが、そのかわり彼らの美風というべき上の者のタマを取って「男を売り出す」手段は難しくなった。

上の者が殺され、また長期間服役することで、下の者は上への階段を上がれる。こうして暴力団は新陳代謝を繰り返してきたが、今そうした風通しのよさはない。上の者は命が続くかぎり安泰で、栄耀栄華を続けられる。下の者は生涯、下積みのままで終わる。抗争の禁止は一面、暴力団富裕層の自己温存策なのだ。

抗争を演劇的に見るなら、命の取り合いをしないことにこそ、暴力団の堕落があると見るべきだろう。警察内部にも「今のヤクザは喧嘩しないから、つまらないねぇ」と感想を洩らすマル暴刑事も少なくない。

ベラミ事件

大日本正義団は田岡が京都の東映撮影所に行くと、帰りに京都三条駅前のクラブ「ベラミ」に寄るという情報を摑んだ。吉田芳幸の愛人はさらに詳しく知ろうと、自ら志願して「ベラミ」のホステスになった。

正義団は襲撃ポイントを「ベラミ」と定め、毎日一人が飲みに行き、二人は近くのアジトで待機するというローテーションを組んだ。

78年7月11日、田岡は急に東映京都撮影所に火事見舞いに行くと言い出した。撮影所は二日前、『日本の首領』製作中に火事を出した。田岡の一行は午後二時、キャデラックリムジン一台だけで田岡邸を出発した。田岡に付き従ったのは若頭補佐の細田利明、直若の弘田武志（名古屋、現山口組組長・司忍の親分）、前記の羽根悪美、細田の若い衆の四人にすぎなかった。

一行は途中、尼崎市の関西労災病院に入院していた田岡フミ子（田岡夫人）を見舞った後、京都・太秦の東映京都撮影所に急ぎ、六時近く清滝の料亭「平野家」で早めの夕食を取った。その後、「ベラミ」に寄った。田岡が行きつけの店で、行けば必ず京都の直若、山崎正（山崎組組長）が若い衆十人ほどを連れて合流、田岡をガードしたが、この日は田岡の京都行きがあまりに急だったため、山崎に電話が通じなかった。合流したのは二代目梶原組組長・仲田喜志登だけだった。

店に入ったとき、ステージでは男女二人ずつのグループが歌っていた。田岡はステージに向かって左側、前から二列目の席に案内された。ホステスを挟んで田岡の左右を固めたのは細田と弘田だった。その後ろのボックス席に仲田と羽根が座った。ここはふつうなら三、四人の組員を配するところだ。

歌が終わり、次のステージは外人によるリンボーダンスだった。この日は雨のためか、客が少なく、拍手もまばらだった。照明が暗くなり、ドラムの音が急調子になった。ショーは終わりに近い。田岡は首をねじ曲げて後ろの席の羽根を見、軽くうなずいた。帰る、勘定を済ませてこい、という身振りである。

羽根が席を立った。舞台ではまだダンスが続けられ、ひときわ照明がしぼられたとき、田岡から後ろに三列隔たったボックス席の男が立ち上がり、両手でピストルを構えた。

「パンッ！」

第一弾を細田はクラッカーが弾ける音と聞いた。が、反射的に立ち上がり、田岡を見ると、首の右側を押さえている。細田はボックス席をまたぎ越し、田岡の後ろに立った。

「おどれっ！　ふざけたマネをしくさってっ！」

とりあえず大音声を張り上げて薄暗がりを透かして見ると、羽根と似た体型の男が中腰になってピストルを構えている。細田は羽根が怪しい者に向け第一弾を発射したのかと瞬間、思った。

が、狙撃者の拳銃から二発目が轟然と火を噴き、弾丸が音を立てて細田の右肩をかすめた。初めて敵襲と知った。

「おどれっ！」

細田は腰から拳銃を抜き、応戦しようとした。が、男は一瞬早く背を向け、「どけっ、どけっ」総立ちの客やホステスの間をすり抜けて出入り口に向かった。細田は田岡を弘田と仲田に任せ、犯人に追いすがった。羽根は勘定を済ませ、出入り口に近い電話ボックスに入って「これから帰りますさかい」と田岡邸に電話を入れているところだった。

羽根の横を男は猛然と走り抜けた。追う細田を見て、羽根もボックスを飛び出、犯人を追った。が、三条駅裏のごちゃごちゃした商店街の入り口で男を見失った。二人は田岡が心配で「ベラミ」に取って返した。店内に人だかりができ、田岡が端然と腰掛けていた。

「どかんかいっ！　見せ物やないんやっ！」細田が大声を上げると、田岡が静かに目をあげ、細田をたしなめた。「もう、やかましういうな」

当初はどこの誰が田岡を狙撃したのか、犯人は不明だった。銃弾は田岡の首筋を薄く貫き、田岡は軽傷ですんだが、流れ弾がたまたま遊びに来ていた二人の医師に当たった。一人は右肩に、もう一人は脇腹に被弾し、二人とも重傷だった。

田岡組長を病院に運んだキャデラック

撃った鳴海は田岡を殺したとばかり思い込んでいた。アジトに帰ると、二代目会長の吉田芳幸に「おやっさん、とりました（殺しました）」と興奮した口調で電話してきた。

だが、その後のニュースで田岡は軽傷を負っただけと知り、吉田芳幸は、田岡の忠実な子分である山本健一が死に物狂いの攻撃を仕掛けてくると予感した。

腹にダイナマイト

警察は事件から二日後、狙撃犯を鳴海清と摑んだ。鳴海が「ベラミ」で落としたサングラスから鳴海の指紋が検出されたのだ。だが、鳴海を逮捕する前に山口組に仕留められては敵わない。それで大日本正義団の名も鳴海の名も伏せたが、秘密は一日と持たず、7月14日の朝刊ですっぱ抜かれた。

山口組も鳴海の犯行と知って、ターゲットを定めた。松田組組長・樫忠義か、同若頭・西村幸夫、さもなければ一ランク下がって村田組組長・村田岩三か、同若頭・木村誠治、あるいは樫忠義の舎弟クラス――。もちろん潜伏を続けている二代目大日本正義団会長・吉田芳幸、鳴海清も攻撃対象だった。

吉田も鳴海も田岡を撃ち損じたことを知って、再度田岡への攻撃を考えた。だが、田岡邸の警備が厳重で、襲撃はほとんど不可能だった。鳴海は「おやっさん、それやったら、山健とったりましょ」と吉田に言った。

鳴海清は腹にダイナマイトを巻き、ポケットに手榴弾を入れて、いつでも自爆攻撃する覚悟を決めていた。

吉田は神戸の忠成会に電話し、「もう一発いこう思っとる、鳴海も一緒だ」と告げると、忠成会はそれ以上聞かず、二人の面倒を見ることになった。

松田組も忠成会も「関西二十日会」に加盟していた。同会は反山口組色の強い西日本暴力団の親睦団体で、九団体、二〇〇〇人を組織していた。年に四回定例会を開いていたが、田岡狙撃事件の発生で7月18日、秘密会を開いて善後策を協議した。

鳴海と吉田は8月13日、大阪の夕刊紙である大阪日日新聞社と新大阪新聞社に田岡への挑戦状を送った。吉田が下書きをして、鳴海が書いたものという。

「田岡まだお前は己れの非に気づかないのか――。もう少し頭のすずしい男だと思っていた。でも見そこなった様だ。日本一とか大親分とかいわれ、己れ自身、その覚が多少なりともあれば、王者の貫禄というものを知るべきだ。長期にわたり世間様に迷惑をかけ、尊い人の命をぎせいにし、その上にほこり高き己れ自身が（を）さらし（それで）真の日本一か。日本一ならば、真の親分なら恥を知る者だ。

それを知らぬかぎりしょせん、くすぼりの成り上がりでしかない。このまま己れの力を過信すれば、その過信がお前のすべてのものをほろぼす事になる。それは天罰だ。かならず思い知らされる時が来るぞ。

大日本正義団　鳴海　清

以上文面を8月12日付にて田岡一雄身（親）展に送付した」

鳴海は勝ち誇った口調でこう田岡を嘲罵した。夕刊紙は念を入れて書状を大阪府警に持ち込み、府警は便箋から鳴海の指紋を検出した。

鳴海は忠成会の世話で兵庫県三木市に移って匿われ、吉田は神戸市垂水に移った。鳴海は死ぬ気でいたので恐い者知らずになり、吉田芳幸の他、誰の言うことも聞かなくなった。匿う側からも吉田に「困った」という相談があったほどだ。

匿う側は鳴海に気晴らしの外出を勧め、鳴海もその気になって黒のワイシャツに白い背広上下という服装でさっそうと外出した。8月20日ごろのことで、これが吉田が生きた鳴海を見た最後になった。

鳴海清の生い立ちは詳しくは分からない。十六〜十七歳ごろ大日本正義団に入ってきた。もともとは吉田芳幸の若い衆の舎弟だったので、芳幸とは直接、親子盃を交わしていない。吉田芳幸は鳴海が一本気であることを買い、運転手兼ボディガードとして身近に置いた。鳴海は二七歳で死んだから、十年間という短いヤクザ人生を歩み、最後の四年間だけ正式に芳幸の子分になった。

男前でスタイリッシュ、女にはもてたが、「ヤクザは女に惚れたらあかん」が持論で、そうそう女は相手にしなかった。が、しのぶとかいう女性と結婚し、子供もいたという。

芳幸の長男は教会の牧師をしているようだが、鳴海清について次のように思い出を記している。

「清さんは父の信頼の置けるボディガードでした。（略）清さんの生い立ちは、家庭環境が悪く、愛情不足の人だったようでした。もともといつもいじめられていたようで、だから強くなって仕返ししたいと思って、ヤクザになった人です。情の厚い、涙もろい、ものすごくいい人でした。

『おやっさんのこと心配せんでいい、ぜったいに守る』が清さんの口癖でした。命を懸けることを全然恐れていない人です。父の一番忠実な子分でした。親分のためには命を落とすという人です」（吉田芳幸『武闘派ヤクザが見た地獄と天国』による）

背中に天女

9月17日、神戸市六甲山中の瑞宝寺谷でハイカーが男の死体を発見した。当初、死体は鳴海と特定できず、単に鳴海かもしれないといわれた。

ガムテープでぐるぐる巻きにされた死体は連日の暑さで腐乱し、ウジがわいていた。顔は白骨化し、指先は崩れて指紋採取は不可能だった。背中に天女の刺青らしきものも見えたが、肉眼での判別は難しかった。

加えて前歯四本が折られ、手指の爪は右手の三本を残して抜かれ、右足の爪もはがされていた。少年院時代に真珠二個を埋めたという性器は無事だったが、これで鳴海と特定はできない。ものを言ったのは背中の刺青の赤外線写真と腹巻きの中のお守りに入れられた子供の写真だった。

大阪・西成の彫り師は写真を見て、72年、一年がかりで彫った鳴海のものに間違いないと認め、鳴海の内妻は彼との間に生まれた長男、長女のスナップ写真だと、泣きながら答えた。

解剖してみると、鳴海の胃からは菜っ葉と飯粒の他に出ず、遺体の損傷振りから鳴海への虐待、リンチが推定された。鳴海は誰に、どう殺されたのか。兵庫県警は鳴海を匿った忠成会が鳴海を手に余し、殺したものと推定した。

この間、山口組は手当たり次第、松田組系組織に攻撃を加えた。8月17日、山健組系盛力会組員らは大阪・住吉区の公衆浴場で村田組幹部の朝見義男を射殺した。当時、新聞は事件をこう伝えた。

「午後8時半ごろ、大阪市住吉区『大黒温泉』で、パジャマ姿の中年の客が表へ出ようとしたところ、白背広、サングラス姿の若い男二人づれが近づき、近くにいた客に『危ないので、ちょっとどいとくんなはれ』というなり、この男めがけてピストルを発射した。撃たれた男はたたきから脱衣所に転がり込み『助けてくれ』と悲鳴をあげながら、

約七メートル離れた階段下にうずくまった。撃った男は徒歩で、そのまま北へ逃げた」（『読売新聞』大阪、78年8月18日付）

銃弾は朝見の背中から入って、心臓の右側二、三センチのところをかすめ、右胸に抜けていた。右肺の出血はひどく肺に充満、朝見は翌18日午後あえなく息を引き取った。

9月2日には山健組系健竜会の組員らが和歌山市内の松田組系西口組の組長宅前で警備していた組員二人を射殺した。その後、鳴海の死体が発見されても、山口組は松田組への攻撃を止めなかった。

9月24日には宅見組の組員らが和歌山駅近くの路上で松田組系杉田組組長・杉田寛一を射殺した。10月5日には山健組系健心会組員が大阪市内のスナックで松田組系村田組若頭に銃弾を浴びせ、重傷を負わせた。10月8日には直系藤原会と玉地組の組員らが尼崎市で松田組系石井組組員を射殺した。10月24日には溝橋組系の副組長が大阪市西成のアパートで大日本正義団舎弟を射殺した——。

11月1日、山口組は神戸のメディアを田岡邸に招き、松田組との手打ちがないまま、一方的に抗争（大阪戦争）終結を宣言した。兵庫県警は鳴海を後ろ手に縛っていた手拭いから生産地を三木市と特定し、忠成会幹事長・衣笠豊ら五人を鳴海の殺害容疑で逮捕したが、その後最高裁で殺人について無罪が確定、誰が鳴海を殺したか犯人不明のまま93年、時効を迎えた。

田岡への狙撃は十人近くの生命を奪うほど高価についた上、ほどなく松田組の崩壊を招いた。

第三章 山口組四代目・竹中正久 暗殺現場の壮絶

竹中正久・山口組四代目

一和会の発足

84年6月5日、神戸市灘区の田岡邸二階の大広間で山口組の直系組長会が開かれた。出席した直系組長たちは全部で四十八人、ふだんの約半分である。

床の間を背に竹中正久と並んで座っていた田岡の未亡人フミ子が静かに立ち上がり、口を開いた。

「本日、皆様方にお知らせしたいことがございます。主人（山口組三代目組長・田岡一雄、81年7月心不全で死亡）は、存命中にたびたび、こう口にしていました。『オレが死ねば山口組は難しい局面を迎えるだろう。その難局を乗り切るには跡目を山健（若頭・山本健一、82年2月肝硬変で急死）に継がせ、若頭に竹中正久を据えることだ』

わたしはこれを主人の遺言に近い言葉と信じます。山健が亡くなった今、竹中さんを四代目に推薦いたします。皆様のいっそうのご協力をお願いいします」

直系組長たちはフミ子の言葉に大きな拍手を送った。空席の三年が過ぎて、山口組の新組長が誕生した瞬間である。鳴り終わらぬ拍手の中で、竹中正久が顔面を紅潮させて立ち上がった。

「ただいま四代目の指名をいただき、お引き受けすることになりました。未熟者ですが、お引き受けした以上、山口組のために粉骨砕身がんばります。皆さんのご協力を切にお願いいします」

同じころ山本広派は大阪市東区の松美会事務所に集まり、竹中正久の四代目就任反対で記者会見を開いていた。山本広派三十四人と発表されたが、記者会見に臨んだのは山本広をはじめ、加茂田重政、溝橋正夫、佐々木道雄、北山悟、松本勝美ら約二十人で、リーダー格の小田秀臣は遅れて出席した。

山本広はこう発言した。

「四代目組長は直系組長の総意で決定すべきだ。われわれは竹中の四代目を認められない。今後、竹中派と話し合うこともない。われわれは山口組の役職をいっさい返上し、今後は各組長が同志というかたちでつき合う会合を持ちたいと思う」

これが一和会の事実上のスタートだった。

山口組でナンバーツーの座は若頭である。田岡が死んだ後、若頭の山本健一が跡を継げば何も問題はなかったのだが、山本健一は服役中、獄死同然に死んだ。ここに空白が生まれた。

筆頭の若頭補佐だった山本広は82年6月組長代行に就き、十日遅れて若頭補佐の一人だった竹中正久が若頭に就いた。二カ月後、山本広は幹部会で四代目組長に立候補を宣言したが、ほどなく田岡フミ子が山本広を田岡邸に呼び出し、立候補を諦めるよう説得した。

山本広は組員歴が古く、近代的、開明的とされるが、別名が「あさっての広ちゃん」で決断力に乏しく、人望に欠け、リーダーシップも不足していた。そのため田岡フミ子や亡き山本健一、竹中正久らの信頼を得られなかった。「山広が組長なら、警察の圧力次第で山口組を解散しかねない」と酷評されていたのだ。

竹中正久は山本広について「先輩としてはむろん、同じ仲間としても心服できない。なんとしても山本広の襲名だけは阻まねばならない。でないと、山口組の将来を誤る。山本広の下にだけはつきたくない」と考えていた。

対して竹中正久は直情径行型だが、合理的な考えをし、えこひいきがないとされていた。警察に迎合せず、検察の取り調べにも突っ張る。何ごとにも筋を通し、子分からも信頼された。いわゆる竹を割ったような極道性格で、田岡やフミ子からも一目置かれていた。

古参の有名ヤクザにとっては、山本広が四代目組長になるべきだった。その方が与しやすい。一和会には佐々木道雄や加茂田重政など、経済ヤクザや武闘派ヤクザとして世に名を知られた山口組幹部が好んで参加した。

テレビ報道で山本広派の様子を知った竹中派は、どこまでやれるか、やれるものならやってみぃと、初めて山本広派に敵愾心を抱いたという。

「顔をずらりと並べた記者会見など論外です。四代目（竹中正久）は『世間さまから見れば、かげ花の極道がどのツラさげての記者会見や。極道がスター気取りでは笑われる』と反発してましたが、まして新しく代紋や組織をつくって向こうから幕を引くようでは、もう決定的ですわ」（当時の山口組幹部）

兵庫県警の当初の発表では、竹中山口組の参加者は四十二直系組長、四六九〇人、対する一和会側は三十四直系組長、六〇二一人で、大組織の多い一和会側の勢力がまさっていた。だが、中立と見られていた岐阜や別府の組織が山口組にとどまり、数日を経ずして山口組の優位が確定した。半年後の84年末の勢力は山口組が八十五直系組長、一万四〇〇〇人の組員を数えたのに対し、一和会側は二八〇〇人と半減していた。山本広は、このままではジリ貧との思いで焦燥感に駆られたはずである。

兵庫県警は分裂前から田岡フミ子を「三代目姐」と認定して（つまり現役の暴力団扱い）、田岡家に揺さぶりを掛け、山口組の分裂を策していた。警察の注文通り山口組は二つに分裂したが、分裂しても山口組の勢力はすぐに復旧した。兵庫県警の思惑は完全に外れたのだ。

三重山中で拳銃試射

7月10日、竹中正久は徳島県鳴門のホテルで襲名式を開いた。山口組三代目・田岡一雄の霊になりかわる「霊代」には田岡フミ子がなり、後見人は稲川会総裁・稲川聖城がつとめた。

8月5日、山口組と一和会の初の抗争が和歌山・串本の賭場で起きた。山口組系の岸根敏春が返済を渋る一和会系の潮崎進を刺殺したのだ。

同じころ山口組の幹部会は「義絶状」の文案をまとめ上げていた。一和会という名指しは避けながらも、明白に一和会をいっさい認めないという文面である。

「斯道の本質を失いたる不逞不遜の行為は断じて容認なしがたく当山口組は永久にいっさいの関係を断絶するものであります」

正久は当初、義絶状を出すことに積極的でなかったとされる。彼が一和会の者に盃を下したわけではない。もともと親子、兄弟の関係にないのだから、断絶などとこと改めて言わず、成り行きに任せればいいという考えである。

「この状を出すいうことがどういうことか、わかってんやろな」

正久は幹部を見回したという。一和会側の反応も読み込んだ上でのことだなという気持ちだろう。

果たせるかな、一和会側はこの義絶状にいっそう危機感をつのらせ、一和会会長・山本広が率いる山広組では、若頭・後藤栄治が7月ごろ、山広組舎弟の同心会会長・長野修一に行動隊の結成を持ち掛けている。9月、長野を行動隊長に十九人の隊員が選ばれ、結成式を行った。もちろん行動隊のターゲットは正久である。

他方、正久には組長になる二年前から愛人ができていた。彼には若いころから同棲する内妻がいたが、内妻は竹中正久が所得税の脱税容疑に取り紛れているころから行方をくらまし、居所不明だった。もちろん正久自身は内妻の居所を知っていただろうが、およそ二年も続くやもめ暮らしを幸い、山坂しのぶ（仮名）に熱を上げていた。

しのぶは鳥取の生まれで、鳥取のクラブでホステスをしていたとき、正久と知り合った。四代目に就く前、83年4月には大阪に移り住み、二人は逢瀬を重ねた。正久が新大阪駅近くの「GSハイム第二江坂」の4LDKを用意したのだ。

しのぶは色白で小柄、和服が似合う日本的な美人だったが、洋服でサングラスなどをかけると、シャキッとして知的な感じが出た。正久は山口組の幹部連中にはなかなかしのぶを引き合わせたがらなかったが、若頭の中山勝正などと北海道へ行った折りには同行しているし、二人で愛知の温泉に行ったこともある。

竹中正久には照れがあったのか、組長についた後もボディガードがついてくることを嫌った。当時、正久のボディガードは直系組長の一人である南力（南組組長、大阪南）と石川尚（名神会会長、名古屋）が交代でつとめたが、正久がしのぶと二人で誕生日を祝ったときには石川尚が担当だった。正久は大阪ミナミでフグを食べた後、近くのクラブに飲みに行った。正久、しのぶ、石川尚を含め、総勢四人にすぎず、さすがに石川は若い者に電話し、後ろから遠巻きにしてついてくるよう指示した。

正久はガードに気がつき、真剣になって怒ったという。

「人間、いっぺんは死ぬやろがい。何が怖くて護衛しくさる！　お前は怖いんかい！　こらっ！　お前が護衛されろ！」

正久の言い分はメチャクチャだが、その時の偽らざる心理だったかもしれない。場所によってはボディガードも拳銃を携帯できない。そのようなとき、石川尚が「きょうは持ってませんのや。弾丸が飛んできたら、一寸一秒早く受けますさかい」というと、正久は「おお、それでええわい」と答えたという。

大阪府警の吹田署刑事課では前年の6月、正久がまだ四代目組長になっていないころからGSハイム第二江坂五〇八号室、山坂しのぶの住民票をあげ、また車のナンバープレートから通ってくる男が竹中正久だと確認していた。一和会常任理事で悟道連合会会長の石川裕雄もまた84年10月には同所を突き止めていた。11月には二度正久を襲うチャンスがあったが、近くに小学校があるため強行しなかったと証言している。

石川裕雄は12月にはGSハイム第二江坂の二〇四号室を借り受け、無線機を置いて周辺の見張り要員一番から三番までと無線交信できるよう設備を調えていた。

年が明けて85年1月12日、石川裕雄からの連絡で、正久が第二江坂に来ることを知った二代目山広組若頭・後藤栄治は行動隊長・長野修一を西名阪道路の津インターチェンジに呼び出し、一緒に大阪に向かう車中で、25口径ベレッタ、25口径タイタン、32口径回転式拳銃と、都合三丁を長野に手渡した。

同日、後藤は長野を石川裕雄に引き合わせ、石川裕雄は長野を第二江坂の二〇四号室に案内し、無線機の使い方などを教えた。

長野修一は狙撃犯の田辺豊記（山広組組員）、立花和夫（山広組系広盛会舎弟頭）、長尾直美（山広組組員）の三人を連れ、1月17日、三重の山中に入って拳銃の試射を行った。

長野は18日に石川裕雄からも38口径回転式拳銃一丁、23日には後藤からさらに32口径改造拳銃一丁を渡され、手持ちの拳銃は五丁になったが、これらはすべて大阪・西区のGSハイム西長堀三〇二号室に隠していた。長野は前年の12月に同所を借り、そこに拳銃のほか、警官の制服に似た服三着や制帽、警棒、手錠などを保管し、竹中暗殺計画のアジトにしていた。

GSハイム第二江坂の愛人宅は正久のもっとも柔らかい皮膚だった。「ボディガードを多数同行すれば、マンションの住民に迷惑をかける」「なにごとも寿命や。弾丸が入って死なん奴もいるし、餅を食って死ぬ奴もいる。生き死には寿命や」と、正久は無防備の理由をさまざまに述べたが、基本は正久の性格に発していた。正久は四代目組長の前に、いいたいことをいい、やりたいことをやる極道でありたかったのだろう。

青白い光

運命の1月26日、正久は姫路の竹中組事務所兼住居で目覚め、南組組員・松崎幸司が運転する車に乗り込んだ。十時過ぎ、田岡邸に隣り合う空き地に着いた。ここに半年後、山口組新本家が完成し、そこに正久が住む。

この日はその上棟式で、若頭・中山勝正、舎弟頭・中西一男、本部長・岸本才三、若頭補佐・渡辺芳則らが出席した。紅白の幕をめぐらしたテントの下で、紙コップのビールで乾杯し、幕の内弁当の昼飯をとった。その後、正久、中山勝正らはベンツ四台を列ねて京都の南郊、八幡市に向かった。田岡フミ子の病気見舞いである。フミ子の加減はよく、正久は上棟式の報告を含め、一時間ほど雑談した。

一行は三時半ごろ病院を辞し、帰りは車二台で大阪ミナミに向かった。ホテルで食事をとった後、中山勝正が「いいから帰れ」と同行の者を下がらせた。これでボディガードたり得る者は南力一人になった。この日、山口組系黒誠会の下部組織と会津小鉄会系宮本組との抗争事件の手打ちが行われたが、それも午後、「とどこおりなくすみました」と電話連絡が入った。

土曜日、一日の行事が無事終わり、夕方からは正久個人の時間だった。正久と中山勝正は夜七時、堂島のクラブに行って飲み始めた。

同じころ、一和会の狙撃犯は拳銃を持って西長堀のアジトを出、GSハイム第二江坂の二〇四号室で待機に入った。彼らは19日以降、毎夜七時過ぎから十二時まで同室に詰め、愛人宅を訪ねる正久を待ち伏せていた。この日は待機八日目である。

正久らが堂島のクラブを出たのは九時近くである。このときはベンツ一台になっており、後部座席に正久と中山勝正、助手席に南力、それに運転する松崎幸司と、わずか四人だけが第二江坂に向かうことになった。

九時十二分ごろだった。

「四番さん、今、竹中の車が来ました」

と、二〇四号室に無線が入った。

「何台か?」

長野が聞くと、「一台」と無線は答えた。車が二、三台なら中止、一台なら実行と長野らは決めていたから、「行こう」と他の三人に声をかけた。

田辺ら三人はすぐ部屋を出た。長野は無線とテレビの電源を切ってから出た。

正久らは九時十五分ごろ第二江坂に着いた。南力が運転席の松崎に「しばらく待機していてくれ」と言い置き、正久、中山、南の三人が車外に出て、一階ロビーに向かった。松崎は一方通行の道をバックで車を下げた。

田辺ら三人はエレベーター横の階段で待ち伏せていた。正久ら三人がエレベーター前にさしかかると、まず田辺が先頭の南に「どけっ」といいざま、38口径回転式拳銃で正久の腹部めがけ二発発射した。弾丸は正久の腹と右手に当たった。マンションの住人はこのとき「なんやっ！」と叫ぶ男の声を聞いている。

次いで田辺は中山勝正の腰背部めがけて一発発射し、命中させた。直後、田辺は南に体当たりされ、仰向けに転倒した。南が馬乗りになってきたため、南めがけて一発発射したが、当たらなかった。田辺は立ち上がろうとして、さらにもう一発を暴発させている。

長尾は32口径の回転式拳銃で正久の腹をめがけて一発撃ったが、当たらなかった。次いで中山に一発を撃ち、中山は右肩前を撃たれて倒れた。長尾は倒れた中山の顔をめがけ、さらにもう一発を発射して命中させた。ついで田辺の上に馬乗りになっている南力の左側頭部を狙って命中させ、南をその場に昏倒させた。南はベルトの背部に拳銃を差し込んでいたが、抜く間もなかった。

立花は32口径の改造拳銃でまず南に向けて一回引き金を引いたが、不発だった。ついでロビー入り口付近を逃げようとする正久を狙い、引き金を引いたが、同様に不発だった。

すべてが一瞬の動きである。運転手・松崎幸司は「車を下げるとすぐにマンションの中から銃声が一発ではなく、十発ということもないが、つづけざまに青白い光が流れた」と証言している。

行動隊長の長野修一は階段を駆け下り、一階の端についたとき、拳銃の発射音を聞いた。

「駆け下りた玄関ロビーの状況は、ロビーに向かって左側に二、三人いた。相手が田辺らかどうかはわからない。竹中四代目がいるのがすぐ見えた。その恰好は、しいていえば座っている感じだった。自分が竹中を見ると、竹中はきびすを返し、Uターンして玄関を出て行った。前屈みでなく、まっすぐ立っていた。

竹中の姿は非常に印象に残っている。すぐに竹中を追いかけていったが、そのときには離れていたから撃たなかった。竹中はすっと外に出て行った」(公判での長野修一の証言)

竹中組長射殺事件の現場マンションの実況見分

立花は外に出る正久の背後から一発発射したが、命中しなかった。

松崎が銃声に駆け付けようとしたとき、正久が玄関から出て来た。早足だった。車と逆側、道の左側を走っていく。

ベンツを出しかけると、玄関から二人の男が出てきた。男たちは車に気づいて立ち止まった。一人が道の真ん中に立ち、ピストルを構えた。

「このままでは撃たれる」と松崎は思い、車を男たちに向けてアクセルを踏み込んだ。長野の体が瞬間ボンネットに乗り上げ、その後、右側に転げ落ちて倒れた。

松崎は全速で正久を追い、車を正久の真横につけた。運転席を飛び出、抱きかかえるようにして正久を後部座席に導いた。正久は「大丈夫や」といった。正久に弱っている感じはなかった。ただ乗せようとしたとき、指に傷があったのと、胸に血がついていることに気づいて「これはいかん」と思った。

「どこをやられました?」

「胸と腹や」正久ははっきりした口調で答えた。


「体を起こせ」


松崎は南区周防町の南組事務所に急いだ。ミラーに映る正久は肘掛けにもたれ、腹に手をやっていた。

「すぐに救急車を呼びますから」

松崎が声をかけると、正久は「うん、うん」と声に出してうなずいた。腹のほか胸からも血が広がっている。黒いスーツが血を吸って重そうに光っていた。よほど重傷のはずである。

松崎は自動車電話で南組に危急を知らせ、救急車の手配を頼んだ。

他方、GSハイム第二江坂のしのぶは階下の銃声に飛び上がるような胸騒ぎを覚えた。

正久がクラブから「これから行く」と電話していた。ちょうど着くころである。しのぶはエレベーターで下に降りた。ドアが開いて真っ先に目に飛び込んだのが、南力の顔である。南は首をねじり、顔の左を血だまりに突っ込む形で倒れていた。

もう一人、左手奥に大きな男が体を投げ出していた。しのぶはもしやと思い、顔を覗いてみたが、目の下の銃創から血があふれ出、誰なのか分からなかった。しのぶは正久との北海道旅行で中山勝正と一緒だったが、それでも見分けがつかないほど、中山はむごたらしい傷を負わされていた。

しのぶは恐怖心にかられて何もせず、すぐ自室に取って返した。正久はどうしたのか。すぐ電話が鳴った。出ると、松崎幸司からで「親分を車に乗せている」という。しのぶは南力ともう一人（中山勝正）が階下に倒れていることを伝えた。

ほどなく救急車のサイレン音が聞こえ、ほぼ同時くらいに警官の訪問を受けて、事情聴取された。

正久を乗せたベンツは九時三十分近く南組事務所に着いた。正久の腋に救急隊が腕を差し入れ、すばやく担架に移した。救急車内には南組の組員が付き添った。

正久は横たわったまま、自分で左手の腕時計を外して組員に預けた。救急車がサイレンを鳴らして走り出したとき、「体を起こせ」とつぶやいた。上半身を起こしたかったのだろう。これが正久の最期の言葉となった。

救急隊は車内で正久に止血措置をし、酸素マスクを顔にかぶせた。車は天王寺区の大阪警察病院に向かった。

中山勝正と南力は千里救命救急センターに運び込まれた。南は即死状態だったが、脳挫滅で死亡と宣せられたのは26日夜十時二十分である。四七歳だった。中山の心臓は四時間もち、脳挫傷と頭蓋底骨折で死亡とされたのは27日午前一時七分である。享年は南と同じく四七である。

「竹中正久山口組組長撃たれる」というニューステロップは早い局で十時十七分から流れた。

しかし山口組は事件直後に一報を摑んでいた。正久の実弟で、岡山で竹中組を率いている竹中武は事件から十分後、九時二十五分には「南力が撃たれた」と知らされた。南の命に別状があるのかないのか、その時点ではいっさい分からない。ただボディガードの南力だけが撃たれることはなかろう。あかん、と思ったという。

武は大阪の須藤潤（山口組直系須藤組組長）に「撃たれたらしいやないか」と電話を

入れ、詳しく調べてくれるよう頼んだ。

南が撃たれたのは正久を狙いに来た者がいるからだろう。とすれば、正久も殺られている……。

須藤から電話が返ってきた。

「親父はやはり撃たれてました。車に乗ってどこかにいってしもうた、と山坂しのぶが電話口でわんわん泣きながらいうてます。それ以上のことは、泣くばかりで話にならんのです」

武は岡山駅に急いだ。車だと、とうてい間に合わない。大阪行き最終ギリギリのひかりに乗り込み、大阪に向かった。

正久への治療は十時四十分から始められた。大阪警察病院の医師、藤田信弘が診たとき、正久の状態は「きわめて悪く、瀕死の重傷といったところだった。瞳孔は開き、一時的な心臓機能の停止も見られた」。

藤田は他の三名の医師と協力して正久に集中治療を施した。生命維持装置を取り付け、レントゲンを撮って肝臓と腎臓に二つの銃弾を発見した。手術は異常に降下した血圧の回復を待つため、日付が変わった27日午前零時過ぎまで手がつけられなかった。

竹中武は午前零時前に病院に到着した。

第四章

四代目暗殺に怒濤の報復
「山一抗争」の結末

山本広・一和会会長

競輪場で射殺

山口組四代目組長・竹中正久は1985年1月26日、愛人宅を訪ねようとして一和会系二代目山広組行動隊長・長野修一ら四人のヒットマンの待ち伏せ攻撃に遭った。若頭・中山勝正、ボディガード役の直系組長・南力ともども銃撃され、翌27日午後十一時すぎ、銃傷による汎発性腹膜炎と心機能不全で息を引き取った。

組長の座についてわずか二〇二日、正久は五一歳で世を去った。28日の夜、正久の遺体は神戸市灘区の旧田岡邸に運ばれ、仮通夜が営まれた。田岡フミ子はこのとき正久の実弟で竹中組を継いでいた竹中武に「よう考えて行動せなあきまへんで」と声を掛けた。

31日には姫路で竹中家としての密葬が営まれ、2月1日には旧田岡邸で初七日と骨揚げを兼ねた法要が営まれた。武は法要が終わって姫路の竹中組事務所に戻ろうと車に乗り込んだが、兵庫県警のパトロールカーがしつこく追尾してきた。

中国自動車道に入り、福崎のインターチェンジで高速を降りると、兵庫県警の機動隊が待ち構えていた。中に岡山県警の刑事もいて、武に「野球賭博の開帳図利で逮捕する」という。武は当然、逮捕状を見せるよう要求した。

と、刑事は、武が「岡山の竹中組に戻ると思っていたので、逮捕状は山崎のインターチェンジで待機するもう一組が持っている」という。

「バカタレがっ！　状がなくて逮捕もないやろがいっ！　通さんかいっ！」

武は怒鳴ったが、車は警察車両で周りを固められ、動きようがなかった。警察は、兄を殺された竹中武が必ず一和会への報復に動くと読んで、予防拘禁的に身柄を押さえにかかったのだ。

こうして武は兄の正久が死んで五日後、2月1日に逮捕された。逮捕されたときには、せいぜい二十二日間ほど泊められるだけだろうと考えたのだが、実際は一年五カ月もの長期勾留となった。あげく岡山県警の野球賭博はでっち上げと判明し、武は後にこの事件で無罪判決を勝ち取る。しかし一和会への報復で檄を飛ばさねばならないとき、一人拘置所に隔離され、居ても立ってもいられないほど焦燥感を覚えたにちがいない。

正久と同時に殺された若頭・中山勝正が率いた組は高知市の豪友会である。一和会への反撃の本格的な第一弾は高知市で放たれた。

2月23日、高知市営競輪場で豪友会の組員が一和会系中井組の組員三人を取り囲み、二人を射殺、一人に重傷を与えた。中井組を率いる中井啓一は一和会の最高顧問であり、中山勝正も元を質せば中井組の若頭だった。ここでも同門相はむ修羅場が展開されたのである。

一和会は緒戦に大勝利を収めた。竹中正久、中山勝正という山口組のトップ、ナンバーツーを同時に葬り、一挙に王と飛車を取ったに等しい。だが、暴力団の抗争は将棋ではない。王を取れば勝ちなのではなく、一年後、二年後、対立する両者がどのような状態になっているかが勝敗を決める。

4月4日には豪友会系岸本組の幹部が中井組本部に荷物を届けたいと宅配便を呼び出して同行した。幹部は配達員にブザーを押させ、中井組の組員がドアを開けた瞬間に銃撃した。これで中井組組員は頭を射抜かれて即死、他の一人も重傷を負った。

山口組が竹中正久ら三人の生命を奪われた以上、それに匹敵するダメージを一和会側に支払わせるのが暴力団の論理である。衆目の見るところ、一和会会長・山本広の殺害が基本となり、山広のほか、副会長兼理事長の加茂田重政、幹事長・佐々木道雄、あるいは常任顧問・白神英雄らの殺害を加える論もあった。彼らを殺して初めて抗争終結に向け地均しができるとする理屈である。

同じ予測は一和会も、兵庫県警も大阪府警も立て、山口組にそうはさせまいとそれぞれに警備陣を敷いた。

一和会の幹部たちは自宅に立て籠もり、多数組員による昼夜ぶっ通しの警護を固めた。警察は幹部宅前に車止めを並べて二十四時間張り付け警備についたほか、周辺の狙撃に便利なマンションなどに防衛ラインを敷いた。一和会の幹部がたまに外出する際には、車にガードの組員を乗り込ませたばかりか、ガードの車を数台並進させた。赤信号で停まるときには、前後の車から組員がバラバラ飛び降り、幹部の車を物々しく人垣で囲んだりした。

後藤組の解散

山本広は4月14日の一和会定例会に顔を見せるまで約八十日間、所在を隠した。一和会の幹部によれば、山本広宅は竹中襲撃後、家宅捜索され、そのときなぎなたを押収された。山本広は銃刀法の違反で逮捕されるかと思い、身を隠したが、なぎなたの一件は単に始末書で済んだ。しかし山広は家に帰りそびれ、以降、所在不明になったという。

一和会の主だつ幹部には一日置きくらいに電話を入れていたが、電話番号から居所を割り出されるのを恐れたか、ほとんどの幹部に番号を教えなかった。

竹中殺害で現場指揮を執ったのは二代目山広組系同心会会長・長野修一である。長野は前年の7月、神戸市内の喫茶店で二代目山広組若頭・後藤栄治から「竹中を殺れ」と指示された。

　では、後藤栄治に竹中殺害を命じたのは誰か。二代目山広組組長・東健二か、一和会会長・山本広ぐらいしかいない。竹中襲撃を指示した容疑で指名手配された後藤栄治は事件後、山本広に連絡が取れなくなった。ばかりか彼が率いる後藤組の若頭・吉田清澄を2月19日、山口組系弘道会（当時の会長は司忍、現六代目山口組組長）系菱心会の組員に拉致され、若頭は後藤の居場所を吐けとリンチを受けた。

　後藤は全国指名手配から逃れる身である。しかし相談しようにも山本広や東健二に連絡がつかず、一和会の本部に電話を入れても相手にしてもらえなかった。

　せっぱ詰まったか、後藤栄治は2月23日、配下を通じて後藤組の解散届を三重県・津署に提出し、併せて速達で山口組本部に詫び状を送った。

〈思慮浅い我々の行動によって、山口組さんに大きな迷惑をかけました。世間にも不安を与えた。この度の重大事を深く反省し、後藤組全員一同、カタギになって正業につくことを誓う。今回の事件では一和会の一員として動いたが、山口組との対立が深まり、自分たちが狙われ、組員も拉致された。一和会に対して応援、指導を求めたが、何の返

事もない。追い詰められている我々は見捨てられてしまった。私自身カタギになり、組を解散する。人質を返してくれ、自首する〉

彼らの世界では「金鵄勲章もの」の功績を挙げたはずの後藤栄治が組を解散すると山口組に詫び状を入れたのだ。弘道会系菱心会は翌24日の夕、後藤組若頭・吉田清澄を解放したが、自首するはずの後藤はその後も自首せず、消息不明のまま潜伏を続けた。

明らかに一和会は山口組に対して過剰な攻撃を行い、できすぎの戦績を収めた。このため彼らは勝ちに乗るより、むしろしでかしたことの大きさに足がすくんで山口組への攻撃を続けられなかった。対して山口組は首領を失っても意気阻喪することなく、手数多く一和会を攻め続けた。いきおい一和会の組員は不意の攻撃を恐れて外出を手控えた。これが彼らのシノギ（稼ぎ）を詰まらせ、経済的な困窮につながっていった。

しかも一和会の勝ちすぎは幹部の心を結束させず、むしろ離反させた。事実、一和会副会長・加茂田重政は密かに山口組幹部に意を通じた。

〈山口組が一和会を攻撃しても、加茂田組は兵を動かさない。加茂田組が直接攻撃されないかぎり、加茂田組は報復に立たない。将来的に抗争が落ち着いた段階では一和会を離れ、独立した組織としてやっていく〉

佐々木道雄も加茂田と考えは同じで、佐々木組を温存する腹だと観測されていた。結局、一和会は山本広に心服して結成されたのではないから、一和会と自身の組を引き離して考えたくなるのは当然だった。一和会の結束力が弱く、山本広に指導力がないことが徐々に明らかになっていく。

幹事長補佐襲撃

4月12日、弘道会系薗田組幹部ら三人が一和会の水谷一家（四日市）系組員二人を名古屋市内のレストランにおびき出して拉致した。幹部らは警察に電話を入れ、「水谷一家が一時間以内に解散届を出せば二人を返す」と突き付けた。当然、水谷一家は解散せず、薗田組幹部らは手錠と縄で縛ったまま一人を射殺し、一人に重傷を与え、車に入れて車ごと病院前に放置した。

5月29日には神戸市東灘区の山本広宅に、山口組系後藤組と美尾組の組員三人が大型ダンプカーに乗り込み、突入を図った。張り付け警備に当たる兵庫県警の機動隊員が突入を阻止しようと発砲したが、ダンプ側も応射して車止めを押し倒し、電柱にぶつかってようやく停まった。機動隊員に撃たれ、後藤組幹部一人が左肩に重傷を負った。

このダンプ突入は警官がいようと敵の本丸に突っ込むという戦意の激しさを示して、三年後の山本広宅前警官銃撃事件の先駆けとなった。

竹中組の鳥取県倉吉市の組織に輝道会があった。この輝道会に山本尊章（事件時三六歳）、清山礼吉（同二七歳）という二人の組員がいた。

彼らは考えた——わしらは倉吉の田舎にいて、神戸や大阪の地理は分からへん。地元倉吉の一和会で、マシなものいうたら赤坂進ぐらいなもんやろう——。

赤坂進は一和会の幹事長補佐だった。同会幹事長・佐々木道雄の舎弟だったが、一和会発足後、山本広から盃をもらって直系組長に抜擢された。山本、清山の二人は赤坂進を攻撃対象に定めた。

清山は小柄で、雰囲気が子供っぽい。清山は倉吉駅近くのスナック「C」で女装し、赤坂に近づくことを考えた。清山は組員といっても最末端だから金がなく、ほしくても女の服が買えない。それでソープランドに勤める知り合いの女性から服や装身具を借り、せっせと化粧と女装にいそしみ始めた。イヤリングからネックレス、マニキュアと進み、いつしか青いアイシャドウをさし、カツラを使うまでに女装は本格化していった。

女装を始めて半年たった9月、清山はスナック「C」で赤坂の席に着けるようになった。赤坂はいつも子分連れで、子分たちはやや離れた席に陣取って水割りをなめる。

「あの人、強そうやね。ピストル持っとんのやろか」

清山は赤坂に平然と聞いた。当時はいつか赤坂とホテルにでも入った折、包丁で刺し殺そうと考えていたから、相手のピストルは鬼門である。

竹中武は野球賭博で逮捕されて以来、外部との連絡も思うに任せない。10月26日も前日と同様、拘置所に放り込まれていた。

清山はこの夜、赤坂進に電話を入れた。いい女の子が来るから「C」に来ません?と誘ったのだ。赤坂は三十分ぐらいしたら行くと答えた。清山はその後、同じ輝道会の山本尊章に電話を入れた。

「用意して来てくれへんか」

山本はカウンターで一人コークハイを飲み、清山は赤坂進を迎えて、午前一時ごろまで引っ張った。

「おかしいわね、ユーコ。絶対来るといったんだけど、旦那が来ちゃったのかなぁ」

最初から呼んでいないのだから、ユーコが来るはずがなかった。赤坂は帰ると言い出し、運転する組員が先に店を出て車を取りに行った。赤坂が席を立ってドアに向かった。

このときカウンターの山本がつと離れ、赤坂進に近寄りざま25口径の拳銃を発射した。弾丸は赤坂の頭に二発、体に三発、都合五発が連射された。口径が小さいため必殺を期したのである。山本はさらに先導する組員にも一発撃ち、組員を倒した。

このとき発射音に驚いた運転手役の組員が駆け戻り、山本に組み付いた。手の拳銃は弾丸を撃ち尽くしてカチカチ鳴るばかりだったが、二人は拳銃の取り合いで床に倒れ込んだ。清山はこのままでは山本が殺られると、バッグから包丁を取り出し、山本を組み敷いている運転手役の手や胸を突いた。ようやく体が離れ、組員は力なく床に転がった。

赤坂進はすでに虫の息である。間違いなく死ぬだろう。二人の組員も倒れている。山本と清山はそれを見届けて、やおら逃げようとすると、ママが「今警察を呼ぶから、あんたたち待ってよ」と声をあげた。言われてみれば逃げてもしょうがない。二人はパトカーが来るのを待った。

山本と清山はこうして一和会幹部・赤坂進と組員一人を殺した。一和会では初の幹部の死だった。

公判になっても山本尊章は反省の色を示さなかった。裁判長はそういう山本に無期懲役を宣告し、女装の清山礼吉には懲役十五年を宣した。清山は公判廷で自分が主役、山本が脇役と主張したが、山本が赤坂と組員を殺し、清山は組員を傷つけただけという事実は動かなかった。

副本部長射殺

二人目の一和会幹部射殺も竹中組が担うことになった。竹中組系二代目生島組幹部・北原智久と同・大宮真浩の二人は86年5月21日の夜、大阪ミナミの路上で一和会副本部長・中川宣治を射殺した。

21日の夜、中川は率いる中川連合会の幹部と鰻谷中之町のラウンジで飲んだ。夜十一時ごろ店を出、幹部一人を連れてタクシーを拾った。車は走り出し、わずか一ブロックを走って交差点の赤信号に引っかかった。

このとき後ろを走っていた白い車がするっとタクシーの右側に並んで停まり、開いた後部座席の窓から拳銃を突き出しざま、後部席右側に座っていた中川宣治に向け銃撃した。弾丸は閉じていたドアガラスを砕き、中川の体にめり込んだ。瞬間、中川の体は揺らぎ、頭を抱えるように前のめりになった。そこに弾丸は吸い込まれるように撃ち込まれ、中川の右こめかみ、右胸と撃ち抜いていった。隣席に座る中川連合会の相談役やタクシーの運転手には何ごともなく、中川宣治だけが二時間後に死んだ。

赤坂進に次ぐ一和会幹部二人目の殺害である。

生島組は当時、生島仁吉が率いていた。仁吉の先代、生島久治は元山口組若頭補佐・菅谷政雄が率いた菅谷組に属し、ひところ日本一の金持ちヤクザと噂されていた。

殺害から二カ月後、北原智久は初めて生島仁吉の前に出、「中川宣治の射殺は自分と大宮真浩がやったこと」と申し出た。生島仁吉が北原の気持ちを確かめると、「そろそろ大阪府警に自首してもいい」と言った。実行犯が自首することで初めてどこの組が殺ったか、世間が知ることになる。いわば自首による「功績の確定」だろう。

それで生島仁吉は、勾留を解かれて一年五カ月振りに出所していた竹中武にこの間の事情を伝えた。竹中武は話を聞き、「本人はどういうてるんや」「もういいかげん、出たいいうてます」「そんなら出さんかい」となった。

これで北原智久は大阪府警に出頭することになった。しかし、もう一人の実行犯・大宮真浩は自首して取り調べを受ける気持ちではなかった。相棒の北原智久が大阪府警に出頭したころ、大宮真浩はマンションの九階から地上めがけ身を投げた。大宮の体は下に張られた電線に引っかかり、即死は免れたものの、以後、植物人間同然で寝たきりになった。大宮は十カ月病床に伏し、87年4月消えるように死んだ。

ヤクザが首尾よく敵を殺した後、自殺を図るなどは不体裁なことである。組としても決して名誉ではない。できることなら口を拭い、自殺未遂の事実は伏せておきたかったことだろう。組長・竹中武の気持ちは複雑だった。

「『そういうことなら（警察に）出さんかい』とわしがいうたばかりに、わしが大宮を殺したような気持ちになったわ。本人の気持ちをじかに確かめ、自首させるにせい、時期をずらすとか、するべきやった。本来ならこういうことで組葬など出せるもんやない。枝の若衆やし。しかし、組のためにやったいう大宮の気持ちは買ってやらなあかん」

（当時、竹中武談）

竹中組は異例であることを百も承知で、87年4月19日、明石の金勝寺で大宮真浩の組葬を営んだ。他方、大阪府警に出頭した北原智久の立場は大宮の存在と死で微妙になった。検察側証人は、犯人は右手を突き出し、中川宣治を撃ったと法廷で証言したが、北原は左利きである。とすれば、実際に撃ったのは死んだ大宮真浩でなかったのか。北原智久は単に車を運転していただけに過ぎなかったのではないか――。

弁護士はもとより検察側も裁判官も、撃ったのは大宮の方だと見たがった。車の運転だけなら殺人幇助になり、刑もだいぶ軽い。しかし北原は法廷で言い張った。いくら大宮が死んだからといって、仲間に罪をかぶせ、自分の刑を軽くしてもらうつもりはない。中川宣治を撃ったのは自分である――。北原は自分の弁護士とも対立してこう主張し、懲役十五年を求刑された。

鉄砲玉として抗争に走る若い組員たちにもさまざまなドラマがあった。彼らのすべてが上の者に動員されるのではない。中には自発的に参戦し、目的を達成した後の人生を刑務所に埋めることを選ぶ者もいた。

山広宅爆破計画

86年1月、田岡フミ子が肝硬変で死亡し、2月ごろから稲川会による抗争終結に向けた工作が始まった。だが、2月末、加茂田組系花田組の幹部らが姫路の竹中正久の墓前で竹中組系柴田会の組員二人を射殺したことで終結ムードはご破算になった。

87年2月、一和会常任顧問・白神英雄の射殺死体がサイパン島バンザイ岬の沖で発見された。白神は一日も早い抗争の終結を望み、銃撃の音が間遠になったのを幸いサイパンに遊びに行った。誰が白神を殺したのか公式には不明だが、一説に年若い内妻の恋人が白神を殺したともいわれる。白神殺しで名乗りをあげた山口組系の組はない。

2月8日、山口組の執行部は対一和会抗争の終結をいちおう決定し、一和会は10日終結を決めた。しかしその後も散発的に抗争は続いた。

88年4月11日の昼下がり、加茂田組系二代目花田組組長・丹羽勝治は札幌ススキノの喫茶店で知り合いの女性と茶を飲んだ。飲み終わって店を出、前の道路を渡っているとき、同じ喫茶店から出て来た男二人が追いかけてきて、いきなり拳銃を発射した。丹羽は被弾しながらも約二十メートル走って近くのマンションに逃げ込んだ。が、男たちは執拗に丹羽をエレベーターホール前に追い詰め、銃弾五発をぶち込んだ。丹羽は救急車で病院に運ばれたが、間もなく息を引き取った。

十日後、弘道会系司道連合幹部・佐々木美佐夫（当時二五歳）が名古屋千種署に出頭した。同署は殺人、銃刀法違反で佐々木を逮捕し、札幌・中央署の捜査本部に護送した。

結局、86年2月、系列組員二人を正久の墓前で殺された竹中組の報復を、代わりに弘道会が果たしたことになる。竹中武は抗争の実績面で弘道会・司忍を高く買ったが、若頭補佐・宅見勝などは若頭・渡辺芳則の擁立に熱心だった。渡辺を抗争終結の立役者という花で飾り立て、五代目組長にという作戦だったが、武は抗争の終結そのものに反対だった。

加茂田重政に対しては「墓前殺人がめくれて（犯行が確定して）からでは遅いぞ」と詰め寄って加茂田組を切り崩し、次いで腹心の秘書格、安東美樹（当時三三歳）を山本広宅への襲撃に振り向けた。安東は物腰が柔らかく、謹厳なタイプで、武を「文武両道に優れた人」と尊敬していた。

安東は山広宅攻撃のため、米国製の自動小銃M16や、その先端に差し込み、対戦車戦などに使うてき弾などを入手、88年4月から襲撃班の編成に着手していた。班員は安東を含め五人で、うち一人は自衛隊出身だった。

当初の安東の計画では、二人が山広宅前に詰める二人の警官をホールドアップし、スプレーで目つぶしした上、針金で縛り上げる。その後、屋外に一人だけ残して四人が山広宅に乱入、山広が家にいればこれを殺し、いなければ女子供を屋外に連れ出した後、山広宅を爆破、住めなくしてしまおうという作戦だった。

5月13日、安東は山広在宅の情報を摑み、決行に踏み切った。だが、思わぬ誤算があった。パトカーの中には警官二人がいるとばかり思い込んでいたが、たまたま派出所勤務の警官が遊びに来ていた。安東らは警官二人に向かい窓越しに「手を挙げろ」と自動小銃を構えたとき、もう一人の警官がホルスターに手を伸ばすのに気づき、仰天して安東が引き金を引いた。

自動小銃にはサイレンサーがつけられていたから、プシュ、プシュと窓ガラスを破り、車内に吸い込まれていった。安東は自動小銃とライフル銃など二十数発を撃った。毒食らわば皿までという心境だったろう。警官二人はヘルメットと防弾チョッキを着用していたから征圧が難しく、ようやく三人に二週間から五カ月の傷を負わせるにとどまった。

しかし襲撃班の狙いは警察官ではない。山広宅は四面に防弾ネットを張り巡らしていた。ネットをナイフで破ってからでないとてき弾が突破できない。が、ネットに手が届かず、ままよとばかりネット越しにてき弾を発射した。てき弾はネットに引っかかり、跳ね返って地上に落ち、大音響とともに爆発した。

こうして山広宅襲撃は失敗したが、事件はあらゆる障害物を蹴散らしてひたすら山本広を殺そうとする安東らの殺気を伝え、不気味だった。竹中組は皆殺しも辞さない——。一和会の幹部たちは震え上がり、89年3月、一和会の解散、山本広の引退が決まった。この抗争で一和会側は死者十九人、負傷者四十九人を数えた。山口組側の死者は十人だった。殺された者はもちろん、殺した者も今はほとんど死んだか、現役を退いている。

第一部
暴力団の戦後史

第五章
宅見勝・山口組若頭の命は なぜ狙われたか

渡辺芳則・山口組五代目（右）と宅見勝・山口組若頭

胸を貫いた弾丸

「宅見若頭射殺事件」は山口組の若頭補佐・中野太郎の率いる中野会組員が山口組若頭（宅見組組長）宅見勝を射殺した事件である。いわば究極の仲間殺しである宅見射殺事件はどのような状況を背景に、なぜ発生したのか――。

97年8月28日午後三時すぎ、新神戸オリエンタルホテル四階のティーラウンジ「パサージュ」で若頭・宅見と山口組総本部長・岸本才三、副本部長・野上哲男の三人が茶を飲みながら談笑していた。そこに中野会の襲撃班四人が殺到した。

現場指揮は中野会財津組組長・財津晴敏が執った。彼は「パサージュ」の一番奥から二番目のテーブルを示し、「あれが宅見や。隣のひげの男は岸本や。あいつは弾く必要はない。ええか、間違えるな」と襲撃班に指示した。

襲撃班は中野会の傘下組織から選ばれ、当日顔を揃えたのは加藤総業・鳥屋原精輝、誠和会・川崎英樹、至龍会・吉田武、三笠組神戸総業若頭補佐・中保喜代春の四人だった。中保は後に『ヒットマン―獄中の父からいとしいわが子へ』という回想録を刊行している。それによると、

「鳥屋原はすでにパサージュの中程を足早に歩いていていました。その視線はまっすぐ宅見

組長に向けられており、『ああ、あいつはチャカを弾こうとしとる』と直感しました。遅れてはいけないと、私も周囲の客やウェイトレスが妙に思わない限界まで歩調を速め、鳥屋原の背中を追いました」

「その間にも鳥屋原はどんどん宅見組長のテーブルへ近づいています。その距離はもう一メートルもありません。突然、鳥屋原が立ち止まり、宅見組長に何事かを話しかけました。右手は拳銃を隠しているポケットにつっこんだままです。

その問いかけに、宅見組長が上半身をねじるかのように、振り向きました。その瞬間、鳥屋原は右ポケットから45口径を素早く取り出し、宅見組長の胸先に突きつけたのです。

パンと乾いた音が店内に響きました。わずか五十センチほどの至近距離でした。鳥屋原の放った弾丸が宅見組長の胸を貫いたのです。宅見組長はものすごい形相で、鳥屋原を睨みつけていました」

「次の瞬間には鳥屋原はさらにもう一発、宅見組長の胸めがけて拳銃を発射していました。宅見組長がかっと目を見開いたまま、右肩を下にして床に倒れ込みました。

すでに宅見組長は口からおびただしい量の血を吐いて、意識もないようでした。しかし、鳥屋原はなおも容赦せず、倒れた宅見組長めがけてさらに二発の弾丸を弾きました。

そのたびに宅見組長の体がビクン、ビクンと震えるのが見えました」

襲撃後、襲撃班は宅見組のガードマンらに応戦されることなく、全員が逃走に成功する。宅見は全部で七発の銃弾を受け、神戸市立中央病院に搬送されたが、約一時間後、死亡が確認された。同席していた岸本、野上の二人はかすり傷一つ負わなかったが、たまたま隣席に座っていた歯科医が流れ弾に当たり、六日後、死亡した。

中野太郎は終始、中野会の犯行ではないとシラを切り通した。執行部の話し合いでも否定したが、岸本、野上の二人が襲撃班四人の顔を間近に見ている。どこか見覚えのある顔もあり、中野太郎の否定はムリだったが、当時の山口組組長・渡辺芳則は中野太郎と中野会に同情的だった。

ほどなく警察の捜査で襲撃班が逃走用に使った車は中野会系中島総業から借りだしたものと判明した。中野会犯行説が強まり、山口組執行部は事件から三日たった8月31日、中野太郎を破門処分にした。

破門は将来、再び山口組に復帰できる処分とされる。組内ナンバーツーである若頭を殺す大それた所業に対しては軽すぎる処分だったが、組長・渡辺の主張を容れたものだ。9月3日夜、流れ弾に被弾した歯科医が死亡したのを受け、ようやく中野の処分は絶縁に改められた。絶縁は山口組からの永久追放を意味し、本来中野会は解散しなければならないのだが、中野は単に山口組を出ただけで、中野会を解散しなかった。組員には、一年たてば山口組に復帰できると説き続けた。

ふつう若頭を殺されれば、山口組全体が中野会に対して報復攻撃しなければならない。しかし渡辺芳則は傘下の組員たちが中野会に報復することを禁じ、辛うじて直接の組長を殺された宅見組だけに報復を認めた。つまり宅見殺しを中野会対宅見組の抗争へと矮小化した。奇怪な指示といわなければなるまい。

資産三〇〇〇億円

宅見射殺事件の一年前、96年7月10日、中野太郎は自宅がある京都府八幡市の理髪店に行き、散髪していた。そこに京都の地つきの暴力団である会津小鉄系の組員六、七人が二台の車に分乗して乗り付け、いきなり中野を銃撃する事件があった。中野のボディガードをつとめていた中野会系髙山組組長・髙山博武が応戦し、逆に会津小鉄系の組員二人を射殺し、返り討ちにした。中野本人は奇跡的に無傷ですんだ。

会津小鉄はその夜、山口組本部に出向き、若頭の宅見などに謝罪し、山口組と会津小鉄はあっさり和解した。この席に当事者であり、かつ若頭補佐として執行部の一員でもある中野太郎は呼ばれなかった。宅見は中野を蚊帳の外に置いて和解を進めた。

会津小鉄はなぜ中野太郎を襲撃したのか。中野会はもともと神戸市須磨に事務所を設けていたが、同地はシノギのネタに乏しい。そのため中野太郎は渡辺の五代目組長就任（89年）以降、京都府八幡市に移住した上、京都に勢力を植え付けようとしていた。地元の会津小鉄と紛争が生じるのは当然で、事実両派は92年ごろから殺し殺されを繰り返していた。

しかし96年2月、山口組の若頭補佐（三代目山健組組長）桑田兼吉と会津小鉄若頭・図越利次（後に五代目会津小鉄会会長）が五分と五分の兄弟盃を交わした。つまり中野は同僚である桑田兼吉の兄弟分から必殺の陣立てでいきなり攻撃を仕掛けられたのだ。

会津小鉄の攻撃は中野のボディガードの働きで失敗に帰したわけだが、その和解交渉に中野の声が反映されなかった。ましてこのとき会津小鉄は三億円という和解金を宅見に渡したという噂が立ち、中野にはまるで和解金の配分がなかったから、中野は宅見が独り占めしたと疑った。

つまり「中野太郎襲撃事件」が「宅見射殺事件」の原因だという見方がある。が、これは皮相な見方にちがいない。この論では、渡辺芳則の中野への奇怪な肩入れを説明できないのだ。真相は、なぜ渡辺芳則が五代目組長に就任できたかという理由にまでさかのぼらないと、明らかにはならない。

渡辺を五代目組長に担いだのは宅見である。宅見はバブル期に土地や株で大金を握り、その資産は三〇〇〇億円、稲川会の会長だった石井進（91年死亡）に並ぶ経済ヤクザの雄として知られていた。宅見はカタギに向かってはカタギの口がきけるクレバーな男だった。

宅見のカネについては断片情報が伝わるだけだが、見逃せないのは元イトマン常務・伊藤寿永光との関係である。

大阪地検はイトマン事件の裁判の冒頭で、宅見と伊藤寿永光の親交について言及している。宅見が経済事件の中でわずかに顔を見せるのは89年1月、雅叙園観光株の買い占めの際、経営協議の場に宅見が出て「伊藤寿永光がやるのでよろしく」と言ったとする大阪府民信組元理事長・南野洋の証言（93年1月）、またイトマン事件では、自殺した加藤吉邦専務が伊藤寿永光の紹介で宅見に会っていたとする社長・河村良彦の証言（92年11月）である。

イトマン事件では数千億円が闇の世界に消えたとされ、そのうち三分の一、約二〇〇〇億円が山口組に流れたとされる。おそらく宅見がその過半を掠め取ったと見られる。

渡辺は、四代目組長を約束されながら獄死同然に死んだ山本健一が率いた山健組の二代目組長だった。悲劇の山健の跡目である渡辺を山口組組長にという呼び掛けは通りやすい。また渡辺はいかにも極道風に四角い顔、大きな体を持ち、暴力団首領としてフォトジェニックともいえた。加えて渡辺が武闘派だという誤ったイメージも流布していた。しかし、宅見は渡辺に心服して、渡辺を五代目組長に据えようとしたのではない。逆に渡辺を軽んじ、自分の言うとおりに動かせるロボットと見た。たしかに渡辺には定見がなく、頼りないところがあった。

筆者は渡辺にも宅見にも十回以上インタビューしている。私事にわたって恐縮だが、あるときこういう体験をした。

当時（89年）、筆者は『雲を駆る奔馬　三代目山口組若頭山本健一の生涯』を刊行しようと準備していたが、何かの拍子でつむじを曲げた渡辺が「あの本は出すな、出版は認めない」と電話してきた。正直、意外なことで腹も立った。

なるほど渡辺は山健組の組長（当時）で、山本健一は渡辺の親分だが、筆者にすれば、被取材者の一人にすぎない。健一の未亡人や初代山健組組員、山口組や稲川会の幹部にも取材している。渡辺に「本を出すな」と言う権限はないはずだと考えた。

筆者は版元の編集者に「強行突破して出そう。山健をけなす本ではないんだし、出たら出たで何とかなる」と言ったが、編集者は「宅見さんに相談しよう」と言った。筆者も好んで事を荒立てることもないと思い返し、宅見に電話した。

「渡辺さんが本を出すなと言い出した」と事情を話すと、宅見は「分かった。いついつに渡辺に会うから、そのとき来てくれ」と言った。

当日、大阪に行くと、ホテル地下の和食店に宅見や岸本才三、渡辺が集まっていた。「この度はどうも」と筆者が渡辺に頭を下げると、渡辺は「うん」とうなずいて、なぜ自分が本を出してよいと考えを変えたか、説明一つしなかったし、筆者に説教一つするわけでもなかった。ほっとすると同時に、ばかばかしさも感じた。渡辺がこんなに簡単に翻意するなら、最初から「本を出すな」といった言論抑圧に通じかねないことを言わないことだと思った。大人げない、宅見の言うことならなんでも聞く、という感想を筆者が持ったとしてもやむを得まい。

クーデター前夜

宅見は渡辺より四歳年長である。ふつうは組長より若頭が若い。若頭は組長の長男の意味だから、若くて当然である。

年長のためか最初、宅見は五代目山口組で「組長代行」の椅子を望んだ。しかも手の込んだことに、まず渡辺に自分が組長代行になることを飲ませ、それを、古参組長をまじえた会議で、渡辺の口から提案させた。

だが、古参組長たちは反対した。

「渡辺という組長が健在でありながら、組長代行というのはちょっとおかしい。そういうことなら副組長でどうか」と宅見に逆提案すると、宅見は「副組長なら要らん。かしら（若頭）でいい」と答えたという。

擁立時から宅見と組んでいた前出の野上哲男（後に副本部長）は88年暮れの段階で、「渡辺が首尾よく五代目組長についた暁には、五年間、組長として発言せず、組運営をわれわれ執行部に任せてほしい」と提案し、渡辺もそれを了承した。つまり「渡辺は年齢も若く、直系組長に上がってから日も浅い。経験に不足しているから、当分はわれわれの働きを見守ってだけいてほしい。五代目の土台づくりはわれわれがする」と申し向け、渡辺はその条件を飲んで、五代目に上った。

事実、五代目山口組は宅見、岸本、野上の三人が仕切ってきた。しかし、宅見は五年が過ぎた後（94年以降）も、実権を手放そうとせず、組長の渡辺をないがしろにして山口組を壟断し続けていた。

しかし、いくら渡辺が頼りなくとも、組長という地位にあるなら、いつか取り巻きができ、彼らが渡辺に智慧をつけていく。中野も宅見の独断専行に口惜しい思いをしている一人だった。

中野太郎は武闘派で聞こえていた。頭もよく、自ら「絵師」であることを自認していた。すなわち絵を描いて人を落とし込み、追い込んでいくことが得意だと自ら広言していた。中野は渡辺の後見人であることを自認していたし、渡辺が中野を頼りにすることも並大抵のレベルではなかった。

中野太郎は大分の出身で、初代山健組の時代、すでに舎弟だった。そのころ渡辺は山健組の若い衆だったから、位でいえば中野の方が渡辺より上だった。中野は渡辺が山健組の下で健竜会を創設したとき、その相談役になって以降、つねに渡辺の軍師役をつとめた。中野は「懲役太郎」と言われていたくらいで、若いころはよく刑務所に入っていた。そのため組運営がおろそかになり、山健組系の中では組織的に出遅れていた。

現在、山口組若頭補佐の一人である井上邦雄（四代目山健組組長）は中野と同じく大分の出身で、もともと中野の秘蔵っ子といわれていた。井上は大阪戦争のとき、中野の下にいたが、渡辺が率いる健竜会の名で和歌山の松田組系組員二人を射殺する事件の指揮を執り、懲役十七年の刑に服した。渡辺は井上の功があったから、山健組で跡目を取れ、山口組の若頭にも上れたといわれる。そのため渡辺は井上に恩義を感じ、出所の2000年から山健組の次代を井上に託そうと考えていた。

他方、宅見は渡辺外しのクーデターを考え始めていた。渡辺が自分にカネを運ぶ者だけを依怙贔屓すると、悪評芬々だったことは確かである。渡辺は組長の器でないと宅見は感じ始めたが、もともと宅見が渡辺を組長に据えたのだから、文句をいえるスジではない。宅見のクーデター案に乗ったのがいずれも若頭補佐である古川雅章、司忍（現六代目山口組組長）、そして意外なことに桑田兼吉（三代目山健組組長）だったという。

これが事実なら桑田が宅見の音頭取りで前記した通り、会津小鉄・図越利次と兄弟盃を交わしたのも、それなりに理由と展望があったことになる。

つまり「渡辺対宅見」の対立軸が基本にあった。ここで機先を制したのは渡辺である。

中野が宅見を射殺することで、「中野会対宅見組」の対立に切り替わった。当時、中野会の構成員は約一七〇〇人。京都、兵庫、大阪、東京を中心に組事務所や企業事務所を全国展開していた。他方、宅見組も約一八〇〇人とほぼ同規模だった。

絶縁処分を受けても解散しない中野会に渡辺が肩入れしたことは次の事実にも明らかだろう。

97年10月高知の直系組、豪友会の組員が中野会系弘真会事務所に向けて発砲した。これは本部通達である「発砲禁止令」の違反だとして、渡辺は豪友会会長・山内鐘吉に「永久謹慎」処分を下した。これに対し、今回の処分は山口組全体の士気にかかわると若頭補佐の桑田兼吉が渡辺に向かって異議を唱えたとされる。渡辺と桑田の間には明らかにすきま風が吹いていた。

宅見組の報復

宅見を射殺した中野会襲撃班は潜伏し、杳として行方を断った。兵庫県警は宅見射殺は中野会のしわざだと断定できる材料をなかなか摑めずにいたが、状況証拠は中野会の犯行を示し始めていた。

襲撃班を選抜したのは中野会若頭補佐・吉野和利（壱州会会長）だった。吉野は中野会の中でも武闘派で知られ、中野の信任が厚かった。

事件後、吉野は韓国釜山に潜伏したが、98年7月、ソウルのマンションで吉野の変死体が発見された。死体写真は一部マスコミに出回り、それを見た者によると、他殺にしか見えなかったという。

「鼻からは血が流れ、口からは血混じりの泡を吹き出している。胸には青黒くうっ血斑が出、素人の目には、布団蒸しか何かで窒息死させられたのではないかと思われる。兵庫県警は韓国の捜査当局が司法解剖した後、再度解剖して『病死であり、他殺であることはあり得ない』と発表したが、ちょっと信じられないことだ」

吉野が病死でなく殺されたとして、殺したのは宅見組と中野会の二つが考えられる。当時、信じられたのは中野会による殺しである。中野太郎は事件の全貌を知る吉野が供述することを恐れ、吉野を韓国で殺したというのだ。この見方が真相に近いのなら、仲間殺しが次の仲間殺しへと連鎖したことになる。実際、吉野変死事件の後、山口組では仲間殺しが続発して今に至るのだ。マフィア流の血なまぐささは中野会が始まりといえるかもしれない。

渡辺は中野太郎を山口組に復縁させようとし続けるが、最後まで執行部の反対で実現することができなかった。中野もまた週刊誌のインタビューに答え、中野会の犯行ではないとウソの情報を与えて、ミスリードするが、中野会の犯行であることは98年10月襲撃班の一員である中保喜代春が仙台市のパチンコホールで兵庫県警の捜査員に逮捕されたことで確定する。

他方、宅見組の報復も徐々に実を結び始める。99年7月ごろから、中野会若頭（山重組組長）山下重夫は大阪・生野区の営業していない麻雀店を組事務所代わりに使い始めるが、9月、宅見組系組員四人がその麻雀店に押し入り、うち二人が山下とボディガードに向けて拳銃を発射した。山下は腹部に二発銃弾を受け、大阪警察病院に搬送されたが、二時間後死亡した。ボディガードは重傷だった。

02年4月には中野会副会長（弘田組組長）弘田憲二が旧宅見組から直系に引き上げられた天野組組員の手で沖縄で射殺された。弘田は大阪と沖縄をたびたび行き来していたが、この日、大阪からの知人女性を那覇空港に出迎え、帰りは女性に車を運転させて那覇市内に戻った。那覇市垣花町の国道三三一号を走行中、白いヘルメットをかぶった男が乗るオートバイが近寄ってきた。男は片手運転し、無言のまま助手席に座る弘田を銃撃した。弘田は胸や腹など数カ所に銃弾を受け、約一時間後、搬送先の県立那覇病院で死亡した。

同じころ中野太郎も病に倒れ、車椅子の生活になった。05年8月、中野会は大阪府警に解散届を提出した。

06年6月には宅見に真っ先に銃弾を放った鳥屋原精輝の遺体が神戸市六甲アイランドの倉庫内で発見された。死後数日で外傷がなく、床ずれの跡があることから病死と見られた。遺体は青色の大型工具箱の中に保冷剤とともに入れられ、黒色ジャージー姿で両ひざを抱えて横たわっていた。遺体の重量はわずか三十八キロだった。

襲撃班の中では現場指揮者の財津晴敏だけが現在も逃亡中だが、襲撃班の末路はいずれも悲惨である。

筆者は07年大阪で病を養う中野太郎に会ったが、彼はそのとき「こんなことになるなら、宅見をやらなければよかった」とつぶやいた。事件による犠牲者はあまりにも多く、中野は果たしてこう述懐できる資格を持つのか、疑問に感じた。

第一部
暴力団の
戦後史

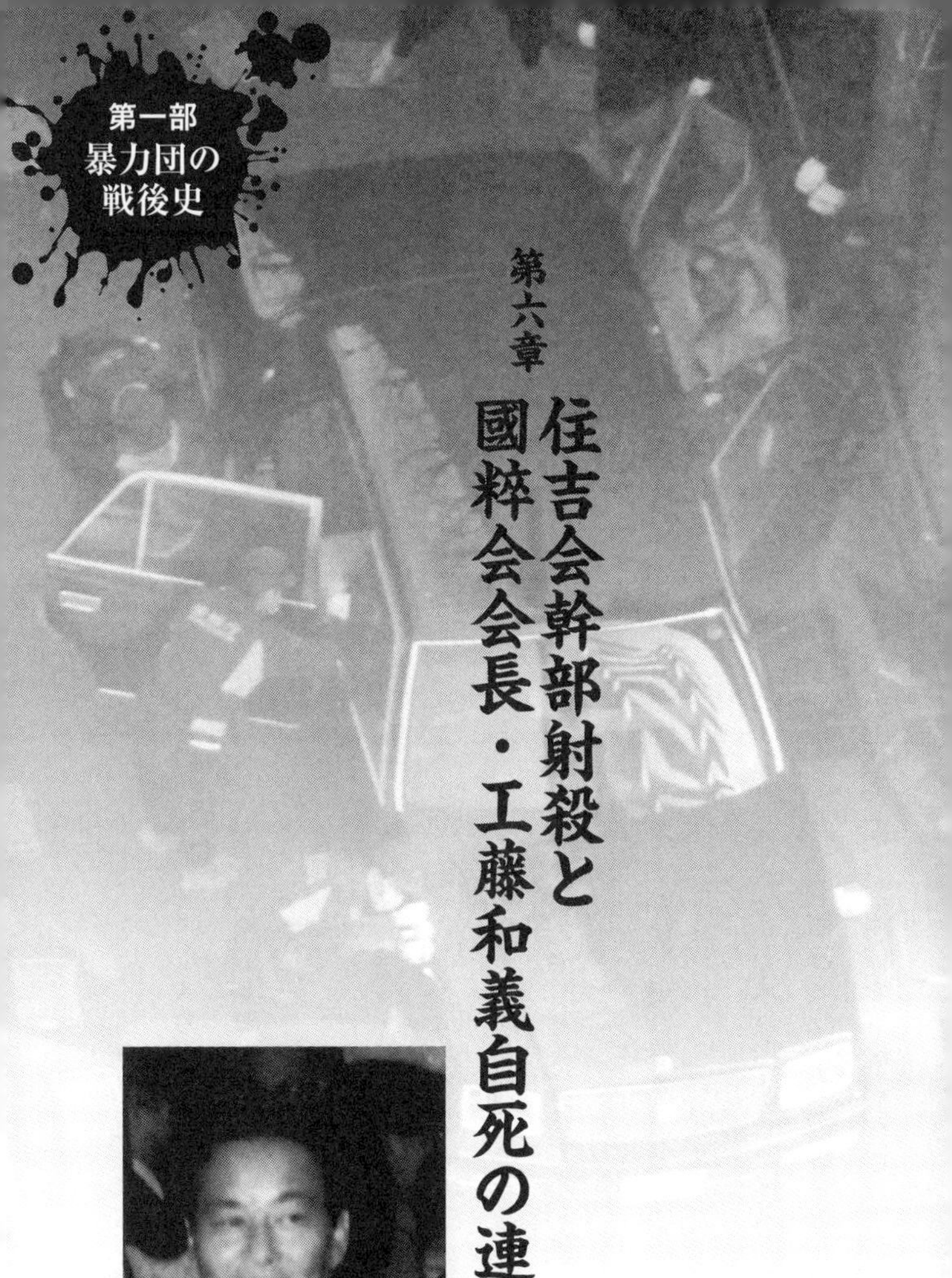

第六章

住吉会幹部射殺と國粋会会長・工藤和義自死の連関

工藤和義・國粋会四代目会長（左）
住吉会幹部が射殺された
西麻布四丁目の現場（上）

國粋会の山口組入り

07年2月5日、午前十時十分ごろ、白いフルフェイスのヘルメット、黒いナイロン製の服を着た二人組の男が東京・西麻布四丁目の路上に駐車するセンチュリーに近づき、左側後部ドアのスモークガラス越しに拳銃弾三発を発射した。車の後部席に座っていた住吉会系小林会直井組組長代行・杉浦良一（当時四三）は応戦することもできずにそのまま被弾し、二人組はオートバイで逃走した。

杉浦は腕や背中に三発の銃弾を受け、臓器損傷で即死同然に殺された。運転手と助手席には直井組組員二人が乗っていたが、彼らは銃撃されず、何ごともなかった。警察が駆け付けたとき、彼らは「会長、会長、大丈夫ですか」と血まみれの杉浦を抱きかかえて叫んでいたという。

車は住吉会懲罰委員長・小林会三代目会長・小林忠紘の車で、小林はこの日、同じく住吉会系武州前川八代目の義理ごとに出かける予定だった。小林がこの車で出発するため、会長付の杉浦が迎えに来たもので、犯人たちは小林会会長・小林忠紘を狙ったが、迎えの杉浦が後部席に座っていたため、会長・小林と誤認して射殺したと推測された。

小林会といえば、住吉会会長・福田晴瞭の出身団体で、現在の住吉会では保守本流といっていい。小林会は高級クラブや飲食店が集中する銀座七~八丁目や、六本木のほとんどを仕切っていることで知られている。しかし銀座や六本木はもともと國粋会のシマ（縄張り）であり、國粋会は長い間、銀座、六本木を住吉会などに貸しジマしていた。

住吉会幹部射殺事件に一年半ほど先立つ05年9月7日、関東の暴力団世界を激しく揺さぶるニュースが流れた。國粋会会長・工藤和義（当時六八）が六代目山口組組長・司忍から舎弟盃を受けたというのだ。

このことは関東の主要団体がついに山口組の傘下に入ったことを意味する。國粋会は山口組に吸収合併された。事実、國粋会は山口組の系列に入る前日、それまで加盟していた「関東二十日会」の加盟団体に、一方的に脱退を通知している。

工藤和義は司忍との舎弟盃と同時に、元山口組総本部長・岸本才三と並んで、山口組の最高顧問に列せられたが、執行部会への出席はないとされた。つまり山口組の運営を実際に左右する立場ではなく、あくまで関東の名門博徒団体のトップとして、名誉職的に「最高顧問」の肩書きを許されたものと見られた。

國粋会は東京、千葉、神奈川、長野など一都六県に構成員約四七〇人、準構成員約六〇〇人を擁する、暴対法で指定された暴力団である。浅草、銀座、六本木、渋谷など、都内でも金城湯池の繁華街はほとんど國粋会メンバーである生井一家や落合一家のシマであり、住吉会などにこうしたシマを貸していた。

なぜ貸したかといえば、シマを差配する人手も勢力も足りなかったからである。そのため保有するシマ内でのいわば「営業権」を住吉会などに貸し付け、毎年決まった額の「地代」を取っていた。借りジマしている住吉会などはその地の飲食店やパチンコホール、風俗業者などからみかじめ料や用心棒代などを集め、その一部を國粋会に提供していた。

さらに、なぜ國粋会が数ある暴力団の中で群を抜いたシマ持ちだったかといえば、もともとが古い博徒の集合体だったからである。戦前には「大日本國粋会」（1919年結成）の歴史を持つが、それを抜きにしても、1958年（昭和33年）7月に品川プリンスホテルで結成された「日本國粋会」には生井一家（森田政治総長）、幸平一家、田甫一家、小金井一家、佃政一家、落合一家（高橋岩太郎総長）、信州斉藤一家、金町一家、伊勢紙谷一家など、関東、甲信越にまたがる主要博徒団体が加わっていた。

國粋会の山口組加盟当時、暴力団情報に通じる都内の事業家が興奮気味に語っていた。

「そういう國粋会が今回、山口組の傘下に入った。仮に山口組の威光を背景に『長い間、お貸ししていたシマですが、この際、お返し願います』と言い出したら、都内、近県を含め首都圏ヤクザは大恐慌に陥る。あっさりシマを返せばシノギが立ちいかない。かといって、山口組と喧嘩覚悟でぶつかれるかといえば、まず無理でしょう」

そして銀座、六本木を仕切る住吉会系小林会の幹部が現実に射殺された。誰もが実行犯は山口組入りした國粋会か、國粋会以外の山口組か、と考えて当然だった。

しかし、その前になぜ関東の博徒団体である國粋会がよりによって山口組の傘下に入ったのか、解明されなければならない。加盟の遠因は01年春から始まった國粋会の内輪もめである。

「ガラスめぎ」

金町一家七代目総長だった工藤和義は91年四代目会長に就いたが、組織の強化を図るためには、老舗博徒の連合体ではなく、トップである自分と連合体の幹部とが「親—子」あるいは「兄—弟」の盃を交わし、擬制血縁関係を結ばなければならないと考えた。ちょうど山口組のように、である。

幹部の横並びではなく、トップの力を格段に強めるためには「親—子」盃がいいと考えたのは、國粋会・工藤ばかりではない。住吉連合も同じように考え、同じ91年、住吉会へと改組、改称している。

だが、こうした工藤構想に有力二次団体である生井一家総長・柴崎雄二朗ら三組長が反対した。反対派は銀座や新橋などのシマを住吉会に貸し、住吉会との良好な関係をもとに贅沢な生活を送っていたから、今さら工藤を「親」に立てて、工藤に従う必要を認めなかった。

これに対し、会長・工藤は三組長を絶縁し、彼らが持っていたシマを國粋会本部預かりにする強行策に出た。強行策は当たり、生井一家系列の組長らは次々会長・工藤派に寝返った。これで反対派は焦り、01年4月から両派は銀座や新橋の繁華街で乱闘や発砲を繰り返した。発砲事件は一都五県で三十四件を数えた。

この間、住吉会や稲川会が仲裁に入ったが、工藤は稲川会三代目会長（当時）稲川裕紘と五厘下がりの兄弟盃を交わして親しく、反対派は貸しジマのつながりもあり、住吉会と親密だったから、双方にとって、住吉会、稲川会の仲裁は受け入れられるものでなかった。中立性に欠けると見られたのだ。

03年10月になって山口組が仲裁に入った。

「このとき山口組の、特に山健組が強引な手を使った。つまり生井一家の柴崎雄二朗総長を神戸にさらい、引退するよう強く迫ったのだ。結果、國粋会を絶縁・脱退した三組長はそれぞれ引退して代目継承し、新たな当代を立てた上、國粋会に復帰することで話がついた。

工藤会長には願ってもない解決となったわけで、この仲裁で工藤会長は山口組を頼みにできる組織と信頼した。以後、両者がいい関係になるのは当然でした」（前出、都内の事業家）

つまり住吉会、稲川会は國粋会に恩義を売る機会をみすみす取り逃がし、関西の山口組に関東の油揚げをさらわれたことになる。内紛の解決が國粋会を山口組に寄せていく最初のきっかけになったと考えてよい。

國粋会が山口組入りした当時、山口組系弘道会の幹部は次のように語っていた。

「國粋会の内紛を解決していくという両者の接触の中で、お互い人間がよく分かったという面はあるでしょう。しかし工藤会長が山口組に入ってくれたのは、山口組の世話になったと恩義を感じて、という実利的ないきさつからではなく、自分の身をもって六代目山口組発足に花を添えてくれたってことなんです。

歴史ある國粋会が山口組の舎弟になるというのはハタから想像する以上に大変なことなんです。関東二十日会との関係もあるし、稲川会、住吉会との深い関係もある。そういう関係を脱ぎ捨て山口組に入るに当たっては当然、摩擦が予想されます。工藤会長はそういうこと一切がっさい覚悟の上、男が男に惚れて舎弟の盃を受けてくれたんです。こういう経緯がある以上、山口組は東京で慎重な上にも慎重に行動して、決して國粋会の顔に泥を塗るようなことはしないと決意するのは当たり前です。今後とも絶対東京でゴチャ（無茶、乱暴なこと）はしないと誓約できます」

ところがきれい事すぎるこの言葉を裏切って、東京で住吉会系小林会幹部が射殺される。これは「ゴチャなこと」ではなかったのか。

住吉会側の射殺事件に対する反応は一応早かったとはいえる。

事件から一時間後、西麻布四丁目の隣といっていい麻布十番のマンションのドアに銃弾三発が撃ち込まれた。部屋は山口組直系太田会の傘下組織が組事務所として使っていた。

翌6日には二件のカチコミ（建物目がけての発砲）があった。朝五時四十分ごろ、豊島区高田のマンションのドアに銃弾四発が撃ち込まれた。部屋はやはり山口組系の組幹部が住んでいた。六時二十分ごろには渋谷区道玄坂のマンションのドアに銃弾三発が撃ち込まれた。この部屋には以前、山口組系國粋会の下部組織が組事務所を構えていたが、当時は空室だった。

建物目がけての発砲は「ガラスめぎ（割り）」といって、一部でバカにされる。住吉会側の報復はカチコミに限られ、誰も殺傷することがなかった。住吉会側の戦意を示すに留まったのだ。

射殺事件に対する山口組側の反応も早かった。7日には実行犯がどこの誰か判明していず、手配も逮捕もされていなかったが、この日、山口組の執行部を代表して若頭補佐・瀧澤孝、総本部長・入江禎、若頭補佐・橋本弘文が上京し、住吉会会長代行・関功、総本部長・太田健真と話し合いに入った。

山口組とすれば、犯人は山口組＝國粋会系の組員と認めたに等しいが、事実この席で、山口組側からは次のような発言があったとされる。

「今のところ実行犯が誰かは分からない。われわれも摑んでいない。しかし、いずれにしろ山口組＝國粋会系の者がしでかしたことと思うから、こうして弔意を表し、お詫びするために参上した。犯人が誰と分かったなら、もちろんその者を即刻、警察に出頭させる」

犯人がどこの誰か、前提条件も不確かなまま、話し合いに入る。話し合いを持ち掛けた山口組側も異例だが、話し合いを受け入れた住吉会側も異例である。

遺体そばに拳銃

山口組側は単純な弔意や謝罪表明のためだけに、話し合いに入ったのではなかった。國粋会が六本木や西麻布に持つ縄張りと、その住吉会に対する貸し出し（貸しジマ、借りジマ）について、新しいルール作りを提案したと伝えられる。

両者にパイプを持つ消息通によれば、和解条件は三項に及んだという。

㈠國粋会の縄張りと、住吉会に対するその貸借関係は現状維持とする。

ここに落ち着くまでには多少の曲折があった。つまり住吉会側が「國粋会に加わる何某という親分が大昔、バクチに負けたカタとして、どこそこのシマを住吉会系の何某に譲った。これについては証文がある。この地域について、いつまでも國粋会の縄張りと主張されては困る」と抗弁したところ、山口組＝國粋会側はうなずき、「そういうことなら、その古い書き付けを見せていただき、間違いないと分かれば、われわれも納得せざるを得んでしょう」と答えたという。

7日、両者は結論を見ないまま、いったん話し合いを終えた。翌8日に会談を再開し、昼ごろ「貸借は現状維持」で話がまとまったという。が、この「現状維持」では山口組＝國粋会側が住吉会側に譲歩を迫ったとされる。つまり「その縄張り内に新しい利権が発生したときには、その扱いは両者協議の上、決める」という一項が加えられたというのだ。

どういうことを意味するのか。たとえば縄張り内に六本木ヒルズのような施設ができ、テナントとして飲食店やゲーム店がオープンしたような場合、用心棒代やみかじめ料など、違法利権の収益は山口組＝國粋会と住吉会が協議して、どこが取るかを決めるという意味だろう。

両者がやっていることは交戦国同士が戦後、領土の分割をめぐって協議しているようなものだろう。しかも扱う利権は、所有権や賃借権など法の保護を受ける権利関係ではなく、みかじめ料やら用心棒代など、真の当事者が与り知らない不確かな利権についてである。大都会の真ん中でこれ以上はないほど奇怪な話が口角泡を飛ばして論議されているわけだ。

(二)山口組が弔慰金を支払う。

住吉会側は要らないと拒否したが、山口組側がむりやり置いていったとも伝えられる。額は二〇〇〇万円から一億円まで諸説あるが、思いの外少ない額ですんだという話が関西で流れた。

会談の中では、04年10月、浅草ビューホテルで発生した殺傷事件も話題に出たというから、「少額説」は必ずしも根拠のない話ではない。

04年10月24日、浅草ビューホテル近くの住吉会系中村会事務所に山口組系貴広会（現、倉本組、奈良市）の組員五十人が押し掛け、騒ぎになった。浅草署の警官が出動して貴広会組員を解散させたが、その後両派はビューホテル一階の喫茶室であらためて話し合いに入った。このとき中村会の幹部二人が貴広会の幹部数人に向け拳銃を発射、二人を殺し、二人に重傷を与えた。

この事件について、山口組側は住吉会側に報復せず、金銭的な代償も求めなかったとされる。よって浅草ビューホテル事件と西麻布住吉会系幹部射殺事件は「行って来い」（おあいこ）にするとなったのだという。

(三)事件の責任を取り、國粋会会長・工藤和義は引退する。

が、これは國粋会内で正式決定したことではなかったらしく、当時、國粋会は否定していた。当の工藤がこの条件を飲んだのか飲まなかったのか、今となっては不明である。

おおよそ以上のような条件で住吉会と山口組の和解は辛うじて成立した。だが、射殺事件の発生から十日後、2月15日の午前九時二十分ごろ、台東区の自宅二階の居間で工藤が頭から血を流して死んでいるのを、組員が発見し、浅草署に通報した。遺体のそばには拳銃があり、警察は工藤が頭を撃って自殺したと断定した。

工藤はこの日、たまたま自分の古希（七〇歳）を祝うパーティーに出る予定だった。工藤が、國粋会傘下の組員が住吉会系幹部を射殺したと密かに報告を受けた可能性は否定できない（事実、國粋会系の組員二人が射殺した。後述）。

工藤はこのことに責任を感じ、山口組に迷惑をかけたと精神的に追い詰められ、自殺したのだろうか。

もしこの説が正しいなら、会長・工藤の承諾なしに住吉会系幹部射殺事件が強行されたことになる。必ずしもあり得ない話ではなかろう。傘下の者が独断で攻撃に走ることはある。だが、住吉会系小林会幹部を殺るという決断は中堅以下の組幹部が軽々に下せることではなかったし、國粋会内に「小林会を殺らなければ」という総意が醸成されていたこともなかった。やや無理な推測だろう。

これとは逆に工藤は國粹会を山口組の傘下に入れたものの、「山口組は自分を引退に追い込み、自分以上に山口組を容認する者と交代させようとしている。つまり山口組は國粹会を完全に換骨奪胎して、山口組そのものに造り替えようとしている。取り返しのつかない失敗のもとをつくったのは自分だ。國粹会の配下に対してはもちろん、関東の他団体に対しても申し訳ない」と自分を責め、自殺に至ったのか。

工藤は遺書を残さなかったから、真相は不明である。だが、その後の推移は後者の推測の正しさを証明しているようにも思える。國粹会はますます山口組色を強め、その東京支部へと造り替えられていくのだ。

ともあれ「工藤は引退する」という条件は工藤の死で十分以上に履行された。

射殺犯に無期刑

住吉会系幹部射殺事件の一か月後、3月5日に山口組は早々と國粹会の跡目を決めた。それまで國粹会の理事長をつとめていた信州斉藤一家（長野県諏訪市）総長・藤井英治を國粹会の五代目会長に就かせると同時に、山口組の新直系若衆に抜擢した。信州斉藤一家は地理的に名古屋に近く、名古屋を本拠とする弘道会の会長・髙山清司と藤井は以前から気脈を通じる仲だったという情報が事件直後から流れていた。そればかりか、射殺の実行部隊は信州斉藤一家から出たとの情報さえ取り沙汰されていた。

國粋会はもはや次の会長を誰にするかさえ、会内では決められなかった。跡目決定という重大事は東京・台東区の國粋会本部ではなく、神戸市灘区の山口組本部で発表された。國粋会は山口組に入る前、関東二十日会に加盟する独立独歩の団体だったが、山口組の傘下に入った以上、山口組本部のお墨付きなしに次期会長人事さえ決定も発表もできない立場に変わった。当時、山口組の直系組は一〇〇前後だったから、一という存在がおおよそ一〇〇分の一の存在に縮小したともいえよう。

住吉会系幹部射殺事件から二年半たった09年12月、警視庁組織犯罪対策四課は射殺事件に関与した疑いが強まったとして國粋会系組幹部・岩佐茂雄（逮捕時四九歳、東京都港区）と同・宮下貴行（同三二歳、山梨県富士河口湖町）を殺人と銃刀法違反容疑で逮捕し、台東区の國粋会本部事務所など十数か所を家宅捜索した。

二人は住吉会系の杉浦良一幹部を射殺した疑いが持たれ、09年9月、それぞれ詐欺未遂と逮捕監禁容疑で逮捕、起訴されていた。翌10年10月、東京地裁は岩佐に懲役三十年、宮下に無期懲役を宣告した。

　検察側は岩佐の量刑に対し「仮釈放後も終生にわたり保護監察下に置く無期刑が不可欠、共犯者は無期懲役となっている」と東京高裁に控訴したが、東京高裁は11年3月、「被告は反省しており、刑が軽すぎて不当とはいえない。被害者に銃弾を命中させたのは共犯の宮下であり、責任に差がある」と一審判決を支持し、検察側の控訴を棄却した。

　それにしても、暴力団組員に対する量刑の重さに驚く。敵側の組長や組幹部を殺傷して「男を売り出し」たくとも、ひとたび発覚し、逮捕されれば、出所時に後期高齢者になっていることは間違いない。万一、その時点でも組が存続し、繁栄していたとして、大変な待遇で出所した組員を迎えようとも、それを享受できる体力も気力も持ち合わせていないだろう。

　ということは、組のため敵側を殺傷するのは割に合わないことを意味する。そのため現在ではたとえ配下の者を使って敵側を殺傷したとしても、その者を警察に出頭させない。殺し要員として温存し続け、何度でも使い回すことが行われている。よって暴力団の抗争でさえ迷宮入りすることになるし、その前に組と組が対立抗争していることを警察に察知させず、単に暴力団員が何者かに殺され、道ばたに転がっている事件にする。

上層部にとっても、抗争は迷惑である。抗争すれば暴力団対策法で組事務所の使用が禁止されるかもしれない。万一、抗争に参加した末端組員が無関係の市民や警察官を誤射すれば、遺族から民法や暴対法の「使用者責任」を問われ、トップが損害賠償しなければならなくなる。警察にも目をつけられ、組経営が行き詰まる。

だから抗争は年々減少する。山口組と住吉会が東京で対決した西麻布事件もご覧の通りの経緯と結末で、ほとんど劇的な要素はなく、退屈な事務折衝があるばかりなのだ。引っ掛かりを感じるのは工藤会長の自殺だけだが、これも暴力団トップの所作としては内省的で、パッと開けるところがない。

暴力団は抗争というドラマを失い、損か得かのビジネスマンに変質した。世論が暴力団に共感するところがないのは彼ら自身が変質したからだろう。暴力団排除条例の施行や今年控える暴対法の改正は、さらに暴力団をショボい存在に変えていくにちがいない。

第二部
実録ヤクザ外伝

第一章

広島抗争「仁義なき戦い」の赤裸な実像

後に山口組若頭となる山本健一

岡組の後継者

呉の美能組組長・美能幸三は網走刑務所で服役していたとき、広島戦争をルポした中国新聞報道部『ある勇気の記録』を読み、非常に腹を立てて手記『仁義なき戦い』を書いたとされる。これに作家の飯干晃一が手を加え、後に笠原和夫がシナリオを担当、深作欣二が東映で映画化して大成功したことは広く知られている。

美能幸三は10年3月亡くなったようだが、筆者は山口組若頭・山本健一の取材で、88年美能本人や二代目美能組組長・藪内威佐男らに呉で会い、話を聞いたことがある。美能に会って、粘着質で細かい部分が気になる人だろうなと感じた。なにしろ取材した後、追っかけて電話を寄越し、「先ほど自分はこう言ったけど、その意味はこうだから。誤解するといけないから、今こうして電話したわけだ」などと注釈を加える。当時、美能は呉で結婚式場を営み、それなりに穏やかな生活を送っているように見受けた。

広島代理戦争（第二次広島抗争、1963年4月〜67年8月）はもっぱら打越会（打越信夫）対山村組（山村辰雄）の抗争であり、美能組・美能幸三はサブ的な役割のはずだが、とはいえ美能が広島代理戦争の要所要所で重要な舞台回しを演じたことは間違いない。広島代理戦争は「代理」の名の通り、背後に山口組と本多会（その後大日本平和会と改称、97年暴対法指定が外れる）が控え、それぞれがそれぞれをバックアップしたが、最初に山口組と手を結んだ張本人は美能幸三だった。

広島は山口組・山本健一（以下山健と略す）の父祖の地である。山健の父親は広島と呉の中間、山側の安芸郡熊野町生まれ。父の妹の子で従兄弟に当たる三宅時夫は広島のやくざ岡組の幹部だった。山健はこの三宅時夫の紹介で1960年ごろ美能幸三と知り合い、兄弟分の盃の話が出るほど親密になった。美能はもともと呉の山村組幹部だったが、広島の打越信夫とも舎弟盃を交わしていた。

以上を前提として本題に入ろう。

戦後、広島市で勢力を伸ばした岡組組長・岡敏夫は舎弟に打越信夫、若衆に網野光三郎、服部武などを擁していた。他方、隣り合う呉市では山村組組長・山村辰雄が台頭し、若頭・佐々木哲雄、若衆・美能幸三などを抱えていた。

60年ごろから岡敏夫は引退を言い出し、岡組の後継者を物色していた。61年5月美空ひばりが広島公会堂で公演し、このとき山口組三代目組長・田岡一雄が付き添っていた。当時、山口組の一若衆だった山健は田岡に従って広島に行き、初めて打越信夫に紹介された。

打越は広島市でタクシー会社を営む戦後ヤクザで、山健に兄弟分を紹介してくれるよう頼んだ。山健は山口組舎弟の安原政雄につなぎ、打越は安原の舎弟になったが、山健―安原のラインを無視して舎弟頭・松本一美、若頭・地道行雄に働きかけ、同年9月、山口組（つまり田岡）の舎弟に納まった。

山健には安原一統という思いがある。彼は安原政雄の子分として、やくざの道に入った。ところが若頭・地道行雄は安原一統とうまくなく、山健も地道を毛嫌いしていた。打越は山健の頭越しに人事工作し、田岡の舎弟になったから、当然、山健や安原は打越を面白く思わなかった。

だが、打越は能天気で、岡敏夫が自分を岡組の後継者に指名するものと思い込み、打越組を打越会と改め、「山口組中国支部」の看板も掲げた。

62年5月、岡は呉の山村辰雄を跡目に指名し、山村は6月岡組を相続して、山村組を広島に進出させた。第一次広島事件で刑をつとめ出所した岡組幹部・服部武、原田昭三などを加え、広島県下最大の暴力団にのし上がったのだ（第一次広島事件は46～53年、岡組と村上組の抗争。終熄段階の52年からは数次にわたる繁華街での拳銃乱射で双方十一人が死亡した。村上組はほとんど根こそぎ逮捕され、岡組が勝利した）。

引退せねば破門

当時、山健は福岡事件（62年2月。夜桜銀次が殺されたことをきっかけにする凶器準備集合事件）で指揮を執った容疑で福岡県警に勾留されていた。保釈で出て、田岡に挨拶に行くと、田岡は何気なさそうに口にした。

「ついこないだや。お前の留守中やったが、すでに聞いておるやろ。打越を舎弟にしたわけや。（保釈で）出たばかりで気の毒やがな、打越のためにええようにしてやらんかい」

田岡に言われれば、山健にいいも悪いもない。すぐ広島に下り、三宅時夫と連れ立って呉の美能幸三を訪ねた。と、美能は打越との舎弟盃を打越に突っ返したばかりという。広島や呉で打越は人気がなく、山村辰雄の意向で美能など力のある者は盃を打越に返したままになっていた。仮にも山口組舎弟の打越信夫が仲間に嫌われ、孤立している。いいところが一つとしてない。

山健は暗い気持ちになっただろうが、同じ呉市の山村組事務所に山村を訪ねた。このとき山健は山村にどんな話をしたのか。美能幸三によれば、「山村さん、あんたが岡の跡をつがれて、もう成すことはなされたでしょうが。恰好はついたわけだ。ついてはどうでしょう、すんなり跡を譲ってカタギになられたら。山健さんは山村にこう言うてるわけです」

にわかには信じがたい話である。山村が岡組を相続したのが62年6月。それからわずか五カ月たった11月に引退を勧めるなどは山口組の巨大をもってしても無礼すぎる。その場で殺されても文句は言えまい。

「このときの山村さんの返事はね、『美能とよう話し合ってくれんか』ということで終わっているわけです」（美能幸三）

もちろん山村の言葉は社交辞令で、山村は結果として山健の勧めを無視した。山口組と結んだ打越会に対抗するため、山村は63年2月、神戸で山口組と対立していた本多会会長・本多仁介と親戚づきあいの盃を交わした。

山健はこれに焦り、「打越と仲直りしてもらえんかの」と美能に電話した。美能は盃を突き返した仲間と協議したが、皆の意見は打越とは復縁せず、だった。だが、山健に会うと逆転され、そろって復縁が決まった。2月18日、地道行雄や安原政雄の取り持ちで、打越と美能ら七人の舎弟盃が再び交わされた。

その上で山健、美能幸三、呉の小原組・小原光男——三人の兄弟盃の話が持ち上がった。この盃で美能には山村組を抜けること、という条件がついた。

しかし彼にはそうできない特殊な事情があった。美能は59年3月、前の刑を六年二カ月残し、岐阜刑務所を仮出所した。65年5月まで事件を起こさなければ残刑を服役しないですむ。だが、事件を起こせば、その刑に六年二カ月がプラスされてしまう。山村組を抜け、山健と兄弟盃をすれば、必ずや山村を刺激し、事件が引き起こされる。

美能にとって山村組を抜けるなどはできない相談だったが、呉の大親分、海生逸一が「ほいなら、わしがお前を山村からもらい受けよう」と簡単に言って根回しを始めた。

山村辰雄はこの話を受けて、下関合田組の合田幸一、本多会・平田勝市と相談の上、「美能はカタギになれ、ならなければ破門する」という条件を出した。この少し前、山村に通じる打越会の若頭・山口英弘が山口組の圧力で打越会から破門になっていた。そのしっぺ返しの意味もあって美能に厳しい条件がつけられたのだ。

「広島戦争が起こらない条件の一つに、私がカタギになるというのがあった。しかし破門が破門ですむ土地じゃない。絶対、追い打ちがかかる。自分は死ぬだろうと、このとき思いました」(美能幸三)

山健は破門状が出るという4月6日、安原政雄、吉川勇次(山口組若衆)と一緒に呉に飛んだ。美能は実際に破門状を手に取ると興奮し、「よし、こうなったら五分じゃけん、山村もクソもあるかい。やりゃげたる」と口走ったという。

同月10日、美能の自宅で山健―美能幸三―小原光男の兄弟盃が打越信夫を見届け人に、海生逸一らを介添え役に、略式で執り行われた。

これにより打越会と山村組のメンバーが相互に乗り入れているような状況がおおよそ解消され、敵と味方がスッキリ色分けされた。

神戸からの援軍

63年4月17日、打越会系美能組幹部・亀井貢が山村辰雄の舎弟・樋上実の若衆三人に射殺された。亀井はその夜十一時すぎ、呉市今西通りに自分で経営するスタンドバー「クインビー」にいた。電話があり、亀井はコロナを運転して店を出た。が、二十〜三十メートルも行かないうちに樋上の一派に足止めを食った上、車から引きずり出されて、その場で射殺された。

広島戦争はまず呉で、美能組幹部を血祭りにあげることで、幕を切って落とした。だが、打越信夫は山村から美能に加えられた第一撃を、自分の抗争とは認めず、対岸の火事のように見た。

亀井が殺されて一月たった5月16日、広島の繁華街、中の棚の「紙屋町タクシー」（社長は打越信夫）を六人の知人が訪ね、事務所から階段を下りてくる打越のボディガード三橋巌夫に「オヤジおるか」と声を掛けた。三橋はこれを山村組の殴り込みと勘違いし、腹巻きからピストルを抜き、いきなり三発を発射した。一発は一人の腹を射抜いて九日後に死亡させ、もう一人も左足に二カ月の重傷を負った。

十日後、打越会の賭場になっている中の棚のバー「ニュー春実」に山村組の山口英弘の配下ら十三人が三台の車に分乗して乗りつけ、打越会の籠もる三階と地上で銃撃戦が展開され、三人が負傷した。

打越会は押され気味である。6月11日、広島市薬研堀の路上で山村組幹部・沖本勲は刃渡り十三センチの登山ナイフで打越会組員・藤田逸喜の鼻と胸を刺し、殺した。

しかし、こうまでされても打越には山村組に反撃する気持ちがなかった。あくまでも山村組と美能組の喧嘩であり、それにとどめなければならないと願っていた。打越は現実と願望がごっちゃになり、広島を留守にすることもした。ちょうど砂に頭を突っ込むダチョウと同じで、見えないものは存在しないのだ。

山口組首脳部も打越信夫のぶざまさには呆然とし、サジを投げかける始末だった。

打越は6月14日、約一カ月ぶりに広島に帰ってきた。一体、どういうつもりなのか、美能が打越に電話して確かめると、「実は山口組の安原政雄が相手にしてくれないのだ」という。しかたなく美能は打越のため、安原の気持ちを確かめようと神戸へ使者に立った。

安原政雄は打越をくそみそにけなした。

「あんなゼニに汚いヤツはおらんで。応援してほしいんなら、こっちから出す兵隊のアゴ、アシ（飲食費と交通宿泊費）は広島持ちにしてくれなァあかんで」

6月18日、安原の当時の舎弟・泉半次郎が約五十人の組員を率いて広島に入った。美能組も二十人を広島に向かわせた。しかし安原は翌19日、打越と応援軍の待遇でもめたせいか、全組員を神戸に引き揚げた。

その夜である。また打越会の組員が殺された。

打越会の上本昌史ら二人は売春婦のカスリの取り立てで山村組組員ともめた。山村組の原田健三ら三人は二人を原田宅の裏に連れ込み、厚板で上本を殴って失神させ、刃渡り十五センチのナイフで刺し殺した。打越会のもう一人に対してはガスボンベで殴り、全治十日間のケガを負わせた。

やられるのは決まって打越会である。さすがに山口組若頭・地道行雄も見るに見かねて、美能に電話を掛けた。最初に殺された美能組幹部・亀井貢の本葬をやれ、山口組から は三〇〇人を派遣する、経費の方は心配しなくていい、というのだった。

だが、本葬のわずか三日前、広島県警と呉署の合同部隊は朝駆けで美能宅を襲い、美能を暴力行為の共同正犯容疑で逮捕した。前年の8月、美能組の組員が山村組系樋上派の若い衆を袋叩きにする事件があった。これは美能が指示したというのだ。

こうして美能は広島戦争から隔離された。ばかりか美能が案じたとおり前の仮出所が取り消されて、70年まで七年四カ月間、服役することになった。

6月21日から22日にかけて、山口組は守勢に立つ打越会のため、神戸などから助っ人一〇〇人を広島に送った。7月9日、呉の明法寺で美能組幹部・亀井貢の本葬が営まれた。山口組は六十団体、一六六〇人もの山口組系組員を送り、地元周辺の組員を合わせれば二〇〇〇人以上を参列させた。

8月13日夜、呉市内のバーで山村組系樋上派の組員が美能組幹部・湯藤巍の腹を出刃包丁で刺した。三日後、そのお返しで美能組員が樋上派の事務所前で、樋上派組員・熊谷啓一の腹を刺した。

広島と違って呉では、美能組は山村組に対して一歩も後に引かなかった。

「広島がどうであれ、呉は負けちゃいけんという信念を持って、喧嘩をしたわけです。呉ではむしろ（山村組に対して）巻き返していましたからね。この点、山健の叔父貴の、せめてもの救いになれたという自負はあります」（前出、二代目美能組組長・藪内威佐男）

田岡組長宅爆破

9月8日、山村組は広島の北郊可部温泉「松福荘」で打越会側に立つ西友会会長・岡友秋を八十センチの至近距離からピストルで倒し、岡の頭部にとどめの一発を撃ち込んだ。岡は小学校の同窓会に出、朝風呂から上がってすぐ撃たれたのだ。

二日後、岡友秋の葬儀が営まれた。山健はようやく福岡拘置所での勾留を解かれ、岡の葬儀に駆け付けた。打越信夫も葬儀に参列したが、岡の死は打越会に関係ないといった打越の口ぶりに、山健も頭にカッと血が上って、怒鳴りつけた。

「よう喧嘩もできんで、何が山口組の舎弟じゃいっ！　笑わせるな。自分の喧嘩を買いもせんで、人さまがなに応援してくれるっ！　それほど喧嘩が嫌なら元どおりタクシー会社のオヤジで引っ込んどれっ！」

しかし広島戦争は山健自身のジレンマだった。なんといっても、広島に関係をつけた最初は山健自身なのだ。途中から若頭・地道行雄が顔を突っ込んできたが、だからといって地道に責任を振るわけにいかない。

広島戦争は山健の苦しみだった。応援のしがいのない打越会に対し、ムダを承知で戦力とカネを注ぎ込まねばならない。

山健は福岡事件と広島戦争のわずかなスキを見て、当時人気絶頂の力道山のプロレス興行を打ち、数千万円のカネを手にしていた。子供の出産が間近だったこともあり、今の新神戸駅に近い布引に門構えの立派な一戸を買ったのだが、それを手放し、広島戦争の軍資金に注ぎ込まなければならなかった。

親分の岡友秋を殺された西友会は四日後の9月12日、山村辰雄が経営する流川通りのキャバレー「パレス」（山村組の事務所が置かれる）入り口をダイナマイトで爆破した。19日、西友会若頭・沖広照義は西友会組員三人と打越会組員・藤原竹千を組ませ、山村組幹部・原田昭三経営の事務所をダイナマイトで吹き飛ばした。

どちらの爆破も人を殺傷することはなかったが、辛うじて山村組に対する反撃にはなり得ていた。

9月21日、土曜の夜、雑踏する下流町・新天地の路上で殺し、殺されのゲームが進行した。

最初、打越会組員・李粉根はキャバレー「パレス」付近に偵察に出ていた。が、運悪く山村組の組員に見つかり、袋叩きに遭った。李はほうほうの体で打越会事務所に逃げ帰った。血だらけの李を見て、打越会組員・谷村祐八は激昂し、四人が拳銃をのんで、下流川通りに飛び出していった。一方、山村組側も報復を見越して、通りに警戒の目を放っていた。

両者は新天地広場前で出くわし、たちまち拳銃が火を噴いた。まず打越会側が放った銃弾が山村組の宮本敏明に当たり、宮本を三日後死亡させた。打越会側の数少ない戦果だが、打越会側は勝っても腰が退けていた。逃げいっ！　という掛け声はすぐ自らしでかしたことに怖じ気をふるう臆病者の逃走に変わっていた。

必死で逃げる打越会側を山村組側が追った。最後尾を走る谷村祐八は山村組組員・鄭照謨に追いつかれ、拳銃で殴られるようにして首筋を撃たれ、つんのめり、即死同然に死んだ。虚勢と小心、放埒と無惨がない交ぜになって双方に一人ずつの死者が出たのだ。広島県警はこの土曜の夜の惨劇を座視しなかった。通行人に流れ弾が当たらなかったのは奇跡以外のなにものでもない。

次の日、県警は打越信夫を交通事故にからんで十一万円を脅し取った恐喝容疑で、山村辰雄をキャバレーで暴行した容疑でそれぞれ逮捕した。だが、双方の首領二人を逮捕しても抗争は収まらなかった。

9月23日夜、山村組幹部・服部武は木元正芳ら組員三人に命じて、神戸市生田区橘通りの田岡の居宅兼山口組事務所の爆破にかかった。木元らは24日夜九時半、北側の路地から田岡宅の便所に忍び寄り、開いていた小窓からダイナマイトを差し入れ、爆発させた。便所は見る影もなく吹っ飛び、表側のガラス戸など十数枚を割った。田岡は不在で、家族は二階、組員二人は階下でテレビを見ていたが、誰にもケガはなかった。田岡はこのころ神戸市灘区篠原本町に、のちに田岡御殿と呼ばれる鉄筋コンクリート造りの邸宅を新築中であり、爆破になんの痛痒も感じなかった。

山口組はとりあえず反応を見るため、三時間後、神戸市兵庫区の二代目本多会事務所に猟銃の散弾銃二発を撃ち込んだ。

広島戦争はこのケチなやり取りを導火線として、山口組対本多会という本来の形に還元されるかと思われたが、両派はさすがに金持ち喧嘩せずの良識に従った。田岡、本多仁介と並ぶ港の六人衆の一人、永宝商会の向井繁人を仲に立てて、山口組と本多会は素早く手打ちをすませた。しかし広島の小国は別だった。

10月13日夜十時すぎ、打越会系河井組幹部・野村博は、福島南町の自宅で顔を洗っていた岡組組員・藤井幸一を「幸ちゃん」と呼んで振り向かせ、至近距離からピストルで射殺した。弾丸は藤井の腹から尻に貫通していた。

年が変わった64年5月、山村組組長・山村辰雄は対山口組工作として政治結社「共政会」を結成し、自らその会長に納まった。メンバーは山村組二五〇人、村上組一四〇人、浜部組四十人など計七〇〇人に達した。6月29日、共政会の発会記念興行は全国の暴力団から贈られた花輪四五〇本を、会場の広島公会堂に並べて盛大に行われた。

8月31日、打越会組員・島田鞆夫ら三人は、「パレス」前でタクシーを降りようとした共政会・楠本富夫ら二人に拳銃弾四発を撃ち込み、楠本を即死させ、もう一人に重傷を負わせた。

10月3日、共政会理事・住吉辰三は呉市本通りの路上で背後から左背部と左後頭部を撃たれ、即死した。

広島代理戦争はこの後終熄に向かう。死者の数を数えれば打越会の敗色が濃い。同戦争は半年で十四回の出入り、九人の死者、十四人の重傷者を出す泥沼の殺戮戦となり、打越会八十七人、山村組八十一人が逮捕され、ピストル四十二丁が押収された。当時、ピストル一丁が組員二十人に匹敵するといわれていた。

山口組はこの抗争にそこそこ努力と経費を払ったが、広島への進出はならなかった。むしろ共政会の成立を許したことで地元勢が一本化、反山口組感情を強めたばかりか、関西から山陽道までの暴力団を反山口組で結束させる「関西二十日会」の結成を促すことになった。

抗争は、神戸で山口組と五分を張った本多会にも利益をもたらさなかった。本多会は初代の本多仁介が実業に転じ、二代目の平田勝市には右翼志向があり、広島の勝ちを生かせなかった。

今、山陽道では当時の反山口組色が一掃され、おおよそ山口組の友誼団体に転じている。広島代理戦争は寄り道か、袋小路の抗争だったかもしれない。

第二章 凄惨な仲間殺しが繰り返された沖縄抗争

沖縄暴力団抗争で警官二人が射殺された現場

「沖縄連合旭琉会」

たとえ組員の数が少なく非力であっても、抗争をよく戦う組には必ずしっかり見ている者がいて、救いの手を差し伸べる——と思わせるのが沖縄上原組の戦いである。なにしろ上原組はわずか六十人で八〇〇人の組織とがっぷり四つに組んだ。しかも敵のトップ二人の首級を上げたのだから、暴力団世界では金鵄勲章ものといえよう。

上原組に目をつけたのは山口組で、後に上原組組長・上原勇吉に盃を下ろして系列化した。上原組は山口組をバックにすることで、沖縄中を敵に回す地獄からようやく脱却できたが、沖縄を山口組色に染めることはできなかった。

沖縄は72年5月、アメリカから日本に返還された。沖縄の暴力団は本土復帰を前に、本土の暴力団が多数沖縄に進出することを恐れ、70年12月、大同団結して「沖縄連合旭琉会」(以下旭琉会と略す)を結成した。それまで沖縄では山原派(コザが拠点)と那覇派(那覇が拠点)の二大勢力が対峙していた。

同会の初代会長には山原派の長老である仲本善忠が就任した。理事長は二人置き、山原派の新城喜史、那覇派の又吉世喜がそれぞれ就いた。理事の定数は二十で、両派を中心に各派が椅子を分けた。旭琉会は山原派、那覇派をはじめ四十二団体八〇〇人を傘下におさめて沖縄を一本化したはずだった。

山原派の幹部に上原勇吉がいた。彼もまた旭琉会の理事に名を連ねていた。勇吉は62年に山原派に加わり、64年、「山原派対泡瀬派」の抗争で勇名を馳せた。実弟の上原秀吉は泡瀬派の首領・喜屋武盛晃を刺して重傷を与え、殺人未遂で逮捕、服役している。

上原勇吉は自派が対泡瀬派抗争で大きな戦績を挙げながら、理事長・新城喜史は服役者の家族の面倒も見ず、論功行賞もしない。自分だけ理事長としてふんぞり返っていると不満だった。そのため新城喜史と反目し、旭琉会の理事会にも顔を出さなくなった。

74年9月、旭琉会の理事会は上原勇吉が理事会を軽視していると謹慎処分を下した。しかも新城喜史は上原組の金づるである沖縄市知花のトランプ賭場を理事長権限で閉鎖する挙に出た。

同年9月20日早朝、上原組組員は那覇市波の上の繁華街で旭琉会宮城組幹部から因縁をつけられたが、偶然通りかかった仲間を加えて、逆に袋叩きにした。いじめがいじめにならず、逆上した宮城組など旭琉会主流派はその日のうちに那覇市内の各所で上原組組員を捕まえ、七人を拉致して木刀やバットで滅多打ちし、ペニスをペンチで挟み、ねじるなどのリンチを加えた。

上原勇吉はこの事件でハッキリ理事長・新城喜史に叛旗を翻そうと決意したのだろう。上原組は小なりとはいえ、新城喜史ごときに屈服しない――。

上原は旭琉会からの脱会を新城に通告し、旧那覇派出身のもう一人の理事長・又吉世喜に「新城喜史を相手に喧嘩するが、旭琉会全体を相手にするつもりはない。当分、見て見ない振りでいてくれないか」と申し入れた。しかし、又吉は「新城とわしは兄弟分だ。兄弟分の喧嘩はわしの喧嘩だ」と断ったとされる。

又吉世喜は口では断っても、中立を守ってくれるのではないか、と上原は望みをつないだかもしれない。とにかく新城喜史をあの世に送り届けなければ死んでも死にきれない。しかし又吉が言葉通りに動けば、上原組わずか六十人が旭琉会八〇〇人を相手に、血みどろの戦いをしなければならない。それも覚悟だと上原は結論を出した。

10月、上原勇吉は那覇警察署に上原組の解散届を出した。もちろん偽装である。解散届により警察は上原組への警戒を解くだろうし、新城喜史も油断するにちがいない。事実、読み通り警察も新城も解散届に気を抜いた。

首領二人を射殺

同年10月24日、上原組組員二人は宜野湾市のクラブ「沖縄ユートピア」で酒を飲む旭琉会理事長・新城喜史に二メートルの至近距離から四発を発射し、即死同然に殺した。

暴力団の命は位が上の方が高い。下っ端の命はいくら取っても値が安い。だが、トップのタマを取れば、それまでの負けは全部帳消し、喧嘩に勝ったも同じである。上原組は新城喜史の殺し成功に勝どきをあげただろうが、同時にその射殺は上原組が旭琉会丸ごとを敵に回したことを意味した。

上原勇吉も十分そのことは承知し、上原組を実弟の秀吉に任せ、沖縄から姿を消して関西に渡った。以後、上原組は那覇市首里のアジトに立て籠もった。

旭琉会は理事長を殺された以上、上原勇吉と上原組をそのままにはできない。11月1日、上原勇吉の次男は組とはまるで無関係だったが、那覇市で経営するスナック喫茶に大型ダンプをバックで突っ込まれ、店を大破された。

上原組はこれに対抗し、12日、もう一人の理事長・又吉が持つ那覇市のコンクリート製住宅に手榴弾を投げ込んで部屋に大穴を開けた。又吉世喜はこの家の隣に住み、上原組が攻撃目標を誤った誤爆だった。怪我人は誰も出なかったが、上原組は誤爆事件を引き起こすことで、いよいよ又吉世喜も相手取ると宣言したのと同じになった。

旭琉会の行動隊は、上原勇吉と仲がいい旭琉会幹部・山城朝栄を拉致した。山城は上原との関係を理由に旭琉会から破門されて危機を感じ、行方をくらませていたが、行動隊に探し出されて拉致され、「上原勇吉の居所を吐け」とリンチを受けた。

74年12月、糸満市喜屋武の「平和の塔」の崖下で男の死体が発見された。死体は全身刺し傷だらけで、頭部に五カ所、大腿部に二カ所、足に二カ所。胸の傷は肺臓から肝臓に達して、直接の死因になった。殺された後、崖下に突き落とされたと見られた。死体の身元はすぐに割れた。山城朝栄だった。山城は上原勇吉の行く先を知らなかったのだろう。吐けといわれても、知らないから吐けない。旭琉会側は業を煮やし、ついに山城を惨殺した。

上原組は穴熊戦法を続けて、容易に攻撃を許さない。沖縄県警もアジトの前を張り付け警備して、旭琉会側は手が出せなかった。

75年2月、アジトに「一年前、お宅の賭場で負けた。二十万円だ。払うから取りに来てくれるか」と電話があった。上原組では資金が底をつき、ノドから手が出るほどカネに飢えていた。

上原組の仲宗根隆、前川朝勝、嘉陽宗和の三人は車で嘉手納村の指定場所に向かった。

しかし、現場では殺された新城喜史の一派七人が待ち受け、上原組の三人はたちまち手錠をはめられ、車に放り込まれて拉致された。

三人は沖縄島の北端近く、国頭村楚洲の山林に運ばれ、車から下ろされた。やはり上原勇吉の居所を吐けと迫られたが、三人はほんとに知らなかったのか、吐かなかった。

新城一派七人は三人に穴を掘れと命じた。しかたなく三人は長時間かけて深さ約二メートルの穴を掘った。七人は三人を穴の中に蹴り入れ、「最後に聞く。上原の居所はどこだ」と言った。三人が黙っていると、リーダー格の男が「しかたない。撃て」と命じた。一派は38口径のリボルバーで三人を次々に撃った。

三人は穴の中で次々と倒れた。七人は土を掛けて埋め戻した。と、嘉陽宗和だけは生きていて、必死に土の中から這い出し、崖下に逃げようとした。七人は嘉陽に気づき、追い詰めるとナイフで胸や腹を刺し、頭を撃って絶命させ、再び穴を掘り返して嘉陽の死体も放り込んだ。

暴力団の抗争は西に行けば行くほど激しさを増すといわれるが、たしかに新城一派のこの殺しはむごたらしすぎる。関東圏の抗争はおおよそ命を取ればよしとする。沖縄に比べれば、淡泊に見えるほどだ。

事件から五カ月後、参加組員二人の自供から、沖縄県警捜査二課が楚洲の現場を掘り返した。三人の遺体は半ば白骨化していたが、悶絶の苦しみを残していたという。

75年10月早朝、旭琉会の理事長・又吉世喜はヘルメットをかぶり、単車に乗って土佐犬を散歩に連れ出した。後ろには三人のボディガードを乗せた車が追尾していた。又吉なりに上原組の襲撃に備え用心していたのだが、後ろから急にワゴン車が現れ、ガードの車を追い抜くと単車と併走しながら車窓から45口径の拳銃を突き出し、五発を発射した。うち四発が又吉の胸や腹を射抜いて単車ごと転倒させた。

ワゴン車で又吉を射殺したのは上原組の三人で、うち一人は楚洲の山中で生き埋め同然に殺された仲宗根隆の実弟だった。三人は翌76年4月に逮捕された。又吉殺害の指示は上原勇吉が出したとされ、上原勇吉は全国指名手配となった。

暴力団の抗争で敵トップの命を二度にわたって奪ったケースはおそらく過去にないはずである。敵首領の首級を取ったからといって、旭琉会が上原組への敵視を止めるわけではない。逆に包囲網はさらに狭まり、敵視は増し、収入の途は閉ざされるのだが、それでも少数がよく団結を守り、経済苦に耐えて、善戦したとはいえる。

「お前らから殺す」

76年11月、上原勇吉は山口組若頭補佐で大平組（尼崎市）組長・大平一雄から舎弟の盃をもらい、晴れて山口組の傘下に入った。大平は「上原組は数が少ないが、よう頑張っとる」と高く評価したのだ。実弟の上原秀吉も大平から親子盃を許され、那覇市首里に山口組系大平組内上原組の看板を掲げて事務所を開いた。

沖縄には古くから東亜友愛事業組合（東声会の後身）沖縄支部があった。東声会・町井久之会長が田岡一雄の舎弟だったことに明らかなように、東声会は山口組系だった一時期があり、沖縄の東亜友愛事業組合も山口組に親近感を持っていた。

上原兄弟が山口組の傘下に入ったのと時期を同じくして、同連合沖縄支部の幹部・仲本正弘は同支部を抜け、山口組系大平組の舎弟頭・古川真澄（後に五代目山口組若頭補佐、初代古川組組長）の子分になり、那覇市に「琉真会」を発足させた。

つまり沖縄には上原組と琉真会、二つの山口組系組織が誕生し、両組織は提携して旭琉会に当たることになった。これにより旭琉会は以後、山口組を意識しないで上原組に当たることは難しくなった。そのため旭琉会も76年12月、新会長に多和田真山、副会長に照屋正吉、理事長に座安久市を据え、名称も沖縄連合旭琉会から「沖縄旭琉会」（これも旭琉会と略す）に改めた。

77年に入って山口組系の二団体と旭琉会の間に小競り合いが散発したが、同年5月13日、琉真会会長・仲本正弘のボディガード二人が旭琉会組員に狙撃され、重傷を負った。5月18日には上原組組員・玉城正と新屋政美が那覇市の盛り場に停めた車に戻ると、旭琉会組員の待ち伏せ攻撃に遭った。二人は45口径の拳銃で銃撃され、玉城は即死、新屋も重傷を負った。

沖縄の山口組系組織は旭琉会の攻勢に押されている。5月19日、大平組の古川真澄ら二十四人が空路那覇に入った。上原組の葬儀に参列するためだったが、旭琉会に対する示威も目的にしていた。争点への多数動員、集結は山口組が得意とする手である。

だが、空港には沖縄県警の機動隊が待機し、大平組の組員をボディチェックした上、装甲車に追い込んで、空港から一歩も外に出させなかった。山口組はなんら勢威を示せないまま、すごすご本土に引き返すほかなかった。

7月8日、また上原組組員三人が那覇市で旭琉会側に銃撃され、重傷を負った。

さらに8月11日、旭琉会組員四人は琉真会の組事務所が入るビル前で張り付け警備していた県警の機動隊員二人に向かい、「まずお前らから殺してやる」と米軍基地から流れたカービン銃を発射した。弾丸は巡査の腕を射抜いて転倒させた。

その隙に旭琉会の三人は三階の琉真会事務所に殺到、部屋に手投げ弾を投げ込んで爆発させ、駆けつけた機動隊員らと銃撃戦になった。旭琉会の組員一人は警官側の弾丸が命中して逮捕されたが、他の三人は通りがかりの車を奪って逃走した。

警官隊との銃撃戦はひところの台湾では珍しくない。しかし日本ではめったになく、しかも「お前らから殺す」は警官に向かって吐かれるセリフではなかろう。沖縄の暴力団は無軌道な点で日本人離れしている。西に行けば行くほど暴力団は反権力、反警察になるのかもしれない。

沖縄県警本部長・斉藤隆は「今後、暴力団が発砲してきたら、射殺もやむを得ない」と声明した。沖縄県民もこれに応じて、暴力団事務所の撤去で住民訴訟を起こし、琉真会や上原組事務所を撤退させた。県民側は暴力団進出阻止大会も開き、官民一体の暴追運動が沖縄で吹き荒れた。

暴力団のダメージは大きく、旭琉会側では、機動隊員を銃撃した同会辻昌組など七団体が組員の大量検挙で壊滅に追い込まれた。上原組では78年4月、上原秀吉組長ら幹部五人が、琉真会でも組長・仲本正弘がそれぞれ逮捕された。両組とも警察に頭脳部分を摘まれて、攻撃続行が不可能になった。

沖縄県警は78年4月、旭琉会会長・多和田真山、理事長・座安久市、参与・糸数宝昌を逮捕し、旭琉会側の命令系統を喪失させた。

警官二人に銃乱射

81年7月、山口組の組長・田岡一雄が沖縄に一石を投じる。盃外交により旭琉会側を懐柔し、反山口組色を薄れさせる作戦だった。

田岡は奔走人に直系若衆の黒沢組組長・黒澤明、同二代目澄田組組長・金崎善夫を起用し、旭琉会会長の多和田真山、直系若衆（二代目吉川組組長、後に六代目山口組最高顧問）野上哲男、同二代目澄田組内二代目藤井組組長・橋本實の三人に義兄弟五分盃を飲み分けさせたのだ。

今となれば釣り合いが取れない盃だろうが、田岡は真剣で、自らこの盃の後見人をつとめた。これによりまがりなりにも沖縄抗争（第四次抗争）は止んだが、82年10月、盃の当事者である二代目旭琉会会長・多和田真山は沖縄市上地のスナック「クール」で旭琉会・富永一家幹部ら二人に射殺された。

多和田は沖縄本島を十四地区にシマ割りし、各一家総長に縄張りを分割統治させ、その上で十四一家から上納金を徴収するシステムを強行しようとした。しかし「多和田会長の横暴は目に余る」と総長たちの反感を買った。旭琉会歴代の会長や理事長はおおそ殺されたが、今回の多和田殺しは上原組となんの関係もなく、単に旭琉会内部の争いだった。

83年5月、旭琉会会長は三代目の翁長良宏に代わった。多和田真山と山口組系組長との三人盃は有名無実になったわけだ。沖縄の上原組と琉真会は依然として孤立無援で、抗争のオモテ舞台からも消えようとしていた。

この状態を見かねたのが当時の山口組若頭・竹中正久だった。若頭補佐の大平一雄に「上原組をなんとかしてやらんかい」と解決を促したのだ。すでに旭琉会の会長も代替わりを重ね、これ以上、抗争を続けるのは異常だし、無意味だと竹中は感じていた。

だが、大平は当初、「実態を見んと、文句を言うな」とばかりに強気で、大平組の副組長・近松博好（近松組組長、後に直系組長）らに「死んだ気になって沖縄を見てこい」と命じた。だが、視察の結果、やはり上原組は放置できる状態ではなかった。

「この際、頭（竹中正久）に任せましょうや」と近松は大平に報告、提案した。

当時の上原組は竹中正久の実弟、竹中武（竹中組組長、一時期山口組若頭補佐）に言わせれば、「上原組が頑張っとるのとちがう。車に乗ったって、布団を積んでタマよけにするような暮らしやろがい。同じ（山菱の）代紋をつけとるんやから、せめて普通の生活をできるようにせにゃあかんと兄貴（竹中正久）は言うたわけや」となる。

84年2月、竹中正久は三代目旭琉会理事長・富永清（後に三代目旭琉会から分裂した沖縄旭琉会の会長）や上原組組長・上原秀吉を大阪に招いた。ロイヤルホテルの一室で山口組として公式に沖縄問題を俎上に載せ、旭琉会側と意見調整を図ったのだ。

当初、旭琉会側は「山口組は沖縄から引き揚げてくれ」と要求した。だが、竹中正久は「それはでけへん」と断った。

「万一、大平組系の上原組や琉真会が出過ぎたマネをしたら、わしが責任をもって処置するさかいと、四代目（竹中正久）は気力でもって交渉に当たって、どっちも丸く納めてくれました」（近松博好、当時談）

旭琉会理事長・富永清はのちにこう語った。

「四代目（竹中正久）は非常に稼業の筋目を通す人でした。提案は大筋において理解できる内容であり、これがきっかけで、うちも山口組とは親戚づきあいさせてもらうようになったのです」

竹中正久は85年1月、一和会に射殺されるわずか十日前、沖縄にゴルフ旅行し、旭琉会との親交をさらに深めている。上原勇吉は時効寸前に逮捕されたが、山口組と旭琉会の親交で、上原組は沖縄の地で安んじて存続できるようになった。

だが、上原組による初代旭琉会との内紛は歴史的使命を終え、入れ替わって90年、浮上したのが翁長良宏会長vs富永清理事長の新たな対立、内紛だった。

翁長会長は4月の総長会議で「今後、山口組と親戚づきあいをしていく」と述べたが、一人の総長が異議を唱え、除籍処分にされた。これに関し、富永清理事長は、翁長会長はワンマンが過ぎると引退を画策し、翁長が気づいて富永を敵視し、急激に対立が深まっていった。

同年9月、反主流派の富永一家は主流派の丸長一家事務所（那覇市）に殴り込み、丸長一家総長の実弟に二発銃撃して重傷を負わせた。

事件から四日後、主流の翁長会長派は富永理事長ら反主流派の数人を絶縁した。これに対し、富永理事長派は旭琉会を脱会し、新たに「沖縄旭琉会」を旗揚げした。

沖縄暴力団の歴史は統合と対立、仲間殺しの繰り返しである。一つ内紛が収まれば、次の内紛が勃発する。そして内紛と統合の節目、節目に決まって山口組の影が差している。翁長派と富永派は対立し、激しく抗争していく。

10月3日、沖縄旭琉会島袋一家の組員が宜野湾市の飲食店街で二人組に頭部を撃たれ、即死した。10月12日、三代目旭琉会丸長一家系組員が那覇市の沖縄旭琉会照屋一家の組事務所前で、同一家組員を射殺した。

11月22日、那覇市の三代目旭琉会錦一家事務所前で防御フェンスの取り付け工事をしていたバイトの定時制高校生が組員と間違えられ、沖縄旭琉会島袋一家の組員に射殺された。11月23日の夜十一時過ぎ、沖縄署の私服警官二人が沖縄市安慶田の空き地に覆面パトカーを停め、組事務所を監視していた。三代目旭琉会錦一家の組員二人はこのパトカーに接近、至近距離から警官二人に銃を乱射し、二人とも即死させた。運転席の警察官は顔や脇、背中などに四発を、助手席の警察官は頭に一発を撃ち込まれた。犯人たちは警官を対立する沖縄旭琉会系の組員とばかり思い込んでいた。

92年2月、暴力団対策法の施行直前に沖縄の抗争は終結した。さすがに沖縄の暴力団はかつての仲間を殺しすぎたのかもしれない。覇気と殺気を失い、本土並みに既得権と安全の保持に汲々としている。

第二部
実録ヤクザ外伝

第三章
双方のトップが凶弾に倒れた北見抗争

一和会副会長兼理事長・加茂田重政（加茂田組組長）

ホテル前での投石合戦

85年8月1日、午前十時すぎ、北海道・北見の花田組組長・花田章と夫人はお供の組員を連れ、自宅近くのスーパーマーケットに買い物に出かけた。買い物をすませ、店を出ようとしたとき、同じく北見の星川組幹部二人が近づき、タイタン25口径の銃弾五発を連射し、花田を倒し、組員の右腕に軽傷を負わせた。

花田と組員は救急車で北見中央病院に運ばれたが、花田は4日夕方、脳挫傷で死亡した。実行犯の星川組幹部二人は車で逃げたが、津別町に張られた検問を突破したことでパトカーに追われ、間もなく逮捕された。

北見は網走に近い人口十二万人の小都市である。かつてハッカの生産では世界の七割を占めたそうだが、化学合成が主流になった今は衰え、タマネギ（国内生産の二十五%）やサロマ湖のカキ、ホタテ養殖などでわずかに知られる農・漁業地域である。

小都市の暴力団抗争である。本来なら誰も注意を払わなかっただろうが、それぞれの上部団体が注目を集めた。花田組は一和会系（分裂前は山口組系）加茂田組（加茂田重政組長）であり、星川組は稲川会系岸本組（岸本卓也組長）である。加茂田組も岸本組もイケイケの好戦派として知られていた。

北見で花田組長が殺されたのは山口組vs一和会抗争の最中であり、一和会の主戦力である加茂田組はこの事件で山口組と稲川会を同時に相手取ることになった。

事件に先立つ五年前（80年5月）、加茂田重政は大阪から系列の組員二〇〇人を全日空機に乗り込ませ、札幌に送った。当時、北海道はテキヤの勢力が強く、山口組未踏の地だったが、加茂田は札幌に支部事務所を開き、一気に北海道に勢力を植え付ける構えだった。すなわち札幌で事務所開きを祝い、併せて地元暴力団への示威のため二〇〇人を送り込んだのだ。だが、前宣伝が過ぎたのだろう、この情報は遅くとも四日前には兵庫県警と北海道警に抜けていた。

北海道警察は千歳空港に機動隊五〇〇人を動員して加茂田組の到着を待ち、一般乗客と分離して武器を隠し持たないか、徹底的にボディチェックした。その後、彼らを空港外に出さず、ホテル行きのバスに導いた。空港には地元暴力団の連絡組織「北海道同行会」の六〇〇人が集結し、山口組進出阻止の包囲網を敷いた。

加茂田組は四台のバスに分乗、札幌近郊の「大和ルスツ高原ホテル」に向かったが、機動隊のほか地元暴力団に囲まれて罵声を浴びせられた。北海道警の「札幌入り禁止命令」で市内を通ることもならずにホテルに缶詰めにされたのだ。

ホテルで組員たちは一歩も外に出られず、麻雀などで気を紛らわせて、翌朝、札幌へ向かおうと動き始めた。道警は機動隊五〇〇人をさらに増員して阻止した。「事務所開きができないなら、事務所で食事会をやる」という加茂田組に対し、道警は「強行すれば、公務執行妨害で逮捕する」と強硬に出た。

前出、北見の花田組・花田章はもともとテキヤ奥州金子小林一家の組長だったが、加茂田はこの花田に舎弟の盃を与えて、北海道の受け皿にしようと計画した。北海道における花田の存在は加茂田組にとって重い。花田組は北見、札幌などに組員三五〇人を擁する大組織だった。

迎える側の花田組組員がホテルに向かう途中、機動隊に拘束されるのを見て、加茂田組は興奮し、約五十人の組員がホテルを出て、包囲する地元暴力団との間で投石合戦を始めた。

石投げは約十分間続いたが、結局、加茂田組は事務所開きができず、その夕、大阪へと引き揚げた。しかし北見の花田組は計画通り加茂田組の傘下に入り、花田章は加茂田組の大幹部である舎弟頭補佐に納まった。

以来五年。北見で花田組と対立する星川組・星川濠希もテキヤだったが、81年「喧嘩の岸本」といわれた稲川会系岸本一家総長・岸本卓也（稲川会理事長補佐、その後総本部長、引退）の盃を受け、稲川会系列に入った。稲川会は山口組と親戚づき合いし、相関図に照らせば、一和会系加茂田組と対立しても不思議はなかった。しかし星川組の花田組攻撃は稲川会による山口組に向けた側面援助ではなく、あくまでも北見での衝突だった。

最大の二次団体

両組の間には前からこぜりあいがあった。84年7月、星川組組員が北見市内の花田組系事務所に散弾銃を撃ち込む事件が起きた。花田が殺される二日前には北見市の繁華街、山下町のスナックで花田章が星川濠希と鉢合わせし、星川組組員が7月に起こしたばかりの雇用保険に対する訴訟を話題にして、「ヤクザのやることじゃない」と嫌みを言う場面もあった。

小さなこのトラブルが花田殺しの引き金を引いたと見られるが、加茂田組としては山一抗争の最中、腹背に敵を受けるわけにいかない。花田が急襲された次の日、加茂田組若頭・飯田時麿が神戸から十数人の配下を引き連れて北見に入った。他方、星川組にも岸本組や稲川会からの応援部隊が北見に集結した。

8月8日、花田章の葬儀が市内の寺で開かれ、飯田時麿など加茂田組幹部のほか、一和会から松本勝美（本部長）、中川憲治（副本部長）、吉田好延（副幹事長）、東健二（常任理事）などが参列し、会葬者四〇〇人に及んだ。

稲川会は親睦組織「関東二十日会」に加盟している。同会は抗争発生となれば、二次抗争が引き起こされないよう、月当番の組が仲介の労を執り、和解工作する。この月は日本國粹会と松葉会が月当番で、両組織の首脳は神戸に加茂田重政を訪ね、加茂田を説得して、ようやく手打ちに持ち込んだ。事件は明らかに星川組の攻めすぎだが、山一抗争のさなかに新たな抗争を引きずるのは加茂田組にとっても、稲川会にとっても得策ではなかった。

花田組は上部の意向を知って、ひとまず報復の思いを押さえ込んだ。二代目花田組組長に丹羽勝治を立てて組の立て直しに入った。

加茂田組はなぜ手打ちを飲んだのか。やはり山口組vs一和会抗争が背景にあったからである。

組長の加茂田重政は一和会の手で竹中正久が射殺された（85年1月27日）二カ月後、

急にテレビや週刊誌のインタビューに応じ、「（山口組の鉄砲玉が）来るなら来い」「神戸は任せとけ、うちがやったらしまいや」などと豪語した。

加茂田の風采は短い髪に濃い眉、ドングリまなこ。太り気味で飾らない言葉がいかにも「極道」らしかった。組事務所に掲げた標語「男に成りたい、男で生きたい、男で死にたい」と併せ、これぞ極道といった臭いに溢れていた。

事実、加茂田組の組員数は多かった。加茂田自身が竹中射殺直後、自派の勢力について、こう語った。

「うちだけで二四〇〇～二五〇〇とちゃうやろか。二〇〇〇としても、一和会は、まあ、あと二五〇〇かそこらおるから、（合計で）四五〇〇ほどおるのや」

おおよそ一和会の半分を加茂田組が占めていたことは間違いない。当時とすれば、一和会ばかりか山口組の直系組と比べても、最大の二次団体だった。

加茂田は77年の事始めで細田利明、中山勝正、正路正雄と同時に、山口組の若頭補佐に任じられている。

一体に加茂田はハデ好みで、前出の北海道空輸事件と同じころ、東京・六本木に事務所を設けて政治団体を結成し、参院選全国区に本気で打って出る気でいた。

加茂田は82年6月、常習賭博容疑で大阪府警から指名手配されたことがある。このとき負債十億円といわれた参院議員・塚田十一郎（新潟選出）に「五〇〇〇万円の手形の期限切れを待ってやろう。そのかわり大阪府警に行って、俺のアリバイを証明してこい」と同議員を大阪府警に差し向けている。

塚田はバカ正直に府警の刑事部長に面会を求めたが、結局は刑事庶務課長との面談に漕ぎつけ、「加茂田組長は賭博をやったとされる日、別のところにいたと聞いている。調べ直したらどうか」と言ったものである。

このことから加茂田の力は国会議員さえ動かすほど大きかったと見ることも可能だろうが、実際は単に塚田十一郎がよれよれだったにすぎない。当時、塚田は美空ひばりの母親や、歌手のアイ・ジョージなど手当たり次第に借金を重ね、カネにしようと違法ソープランド業者の助命嘆願にまで手を出す窮状で、世間の失笑を買っていた。

実際その後の経過をみても、塚田のアリバイ証明はなんら効果を発揮せず、嘲笑的に報道されるだけだった。塚田に頼む方も頼む方だと、加茂田もまた軽く見られた。

83年12月にも加茂田は大分県警と別府署に賭博容疑で逮捕された。しかもその捜査の過程で、歌手の扇ひろ子が賭博（ちんちろりん）に加わっていたこと、扇が「加茂田さんのお誘いで食事とクラブにはつき合ったけれど」と証言したことが報じられた。

加茂田にとっては名誉とも不名誉ともならぬ挿話だが、箸にも棒にもかからない素人とはいえ、事件にカタギを巻き込むのは少なくとも名の通ったヤクザがやることではなかろう。加茂田は腹に一物なく、単純で気が置けず、人に愛される一面があったが、山口組若頭だった宅見勝の加茂田評は「レベルが低い」とわずかひと言だった。

8月26日、小樽郊外の朝里川温泉で花田組と星川組の手打ちが行われた。一和会からは松本勝美本部長以下、加茂田組の飯田時磨若頭ら、稲川会からは田中敬事務局長、岸本卓也理事長補佐らが出席、松葉会・中村益也会長と日本國粋会・八木沢由雄常任相談役の仲裁で、五分と五分、条件なしの手打ちになった。

いきなり敵のトップを取るなどは抗争としても異例だが、とはいえ、北見抗争があっさり手打ちで解決していたなら、ありふれた暴力団抗争でしかなかった。北見抗争ではトップを取られた花田組がほどなく敵のトップを取り返すのだ。

かつて山口組の三代目組長・田岡一雄は「日本暴力団史上、トップを取られた組が敵のトップを取り返した例は一度もない」と断言したそうだが、その正否はともかく、北見抗争は滅多にないケースになった。

報復の墓前射殺

同年11月19日、星川組組長・星川濠希の一行四人は北見市のキャバレー「北海道」で飲んでいた。閉店の一時間ほど前、花田組の幹部三人が入店し、酒を飲み始めた。星川が帰ろうと席を立ったとき、三人はいきなり星川に迫り、コルト45口径など三丁の拳銃で星川を撃った。星川は胸や肩に三発、頭に三発の銃弾を浴びて顔面を砕かれた。同席していた二八歳の組員も腹に銃弾を受け、星川同様、ほぼ即死した。

翌日、花田組の三人は隣り合う留辺蘂町で警官の職務質問を受け、拳銃を持っていたことから逮捕され、犯行を自供した。

花田組の報復はいったん手打ちを受け入れた後の攻撃だから、騙し討ちといえるかもしれない。だが、最初の花田章殺しも口争いからの不意討ちである。元を正せば、条件なしの手打ちがそもそも無理筋だったのかもしれない。

が、星川組は手打ち後に親分を殺され、黙ってはいられない。花田組に対し再報復に走った。

12月11日、花田組系佐藤組幹部の車が北見市内の商店の駐車場に入ったとき、待ち伏せていた星川組の三人が拳銃をもって接近、幹部に九発の弾丸をぶち込んで殺した。

星川濠希組長が射殺されたキャバレー「北海道」の現場検証

12日、花田組系佐藤組の組員が市内を運転中、星川組の組員が運転するライトバンが追い越しざま、車内の花田組系組員に向け拳銃を乱射し、重傷を与えた。ほどなく星川組の実行犯三人が逮捕された。三人は両日とも殺傷を手掛けていた。

一和会幹事長・佐々木道雄は先の手打ちで仲裁に立ってくれた日本國粋会・八木沢由雄と兄弟分の関係だったから、なおさら加茂田組系花田組の手打ち破りで苦しい立場に立たされた。稲川会ばかりか調停に立ってくれた日本國粋会、松葉会のメンツをつぶしたのだ。

しかし、だからといって一和会の戦力といっていい加茂田組を放置してはおけない。

佐々木道雄はもともと関東の暴力団に顔が広く、事態の収拾に向け懸命に動いた。結果、86年1月15日、白老町虎杖浜のホテル「いずみ」で二度目の手打ちに漕ぎつけた。仲裁に立ったのは前回と同様、松葉会と日本國粹会だった。松葉会は会長・中村益也、日本國粹会は会長・木村清吉を立てた。手打ちが二度というのも滅多にあるケースではなかろう。

しかし花田組の災厄はこれで終わらなかった。おそらく二代目花田組組長・丹羽勝治が有能すぎて、やり過ぎたからである。

86年2月27日、姫路市深志野の竹中正久の墓前で、竹中組系柴田会組員・井垣道明（当時二三）と星山勲（同二二）の二人が近くの墓石のかげで待ち伏せていた作業服姿の男二人によって狙撃された。井垣は胸を撃たれて即死、星山は墓地の外まで逃げたが、追われて腹や胸を銃撃され、同じく即死同然に死んだ。井垣らはこの日が竹中正久の月命日だったことから、墓の掃除を始めようとして難に遭った。

実行犯は長らく不明だったが、加茂田組系二代目花田組組長・丹羽勝治らの計画、指示によるものと、88年ごろ判明した。この墓前射殺はひと月前、竹中組系組員により敢行された加茂田組舎弟・小野敏文殺害に対する加茂田組の返し（報復）だろうと早くから推測されていたのだが。

88年4月11日の昼下がり、二代目花田組組長・丹羽勝治は札幌ススキノの外れの喫茶店で知り合いの女性と茶を飲んでいた。

二人が飲み終わって店を出、前の道路を渡っているとき、同じ喫茶店から出て来た男二人が追いかけるようにして、いきなり拳銃を発射した。丹羽は被弾しながらも約二十メートル走ってマンション「クィーン南五条」に逃げ込んだが、男たちはさらに追って来、エレベーターホール前で丹羽を袋のネズミ同然にして銃弾五発をぶち込んだ。丹羽は救急車で病院に運ばれたが、間もなく息をひきとった。

花田組は初代、二代目組長とも敵の強襲を受けて壮烈な死を遂げる。これまた暴力団世界でもそうあることではない。しかもこのとき上部団体の加茂田組自体が揺らいでいた。

十日後、山口組系弘道会の司道連合幹部・佐々木美佐夫が名古屋・千種署に出頭した。同署は殺人、銃刀法違反などで佐々木を逮捕し、札幌中央署の捜査本部に護送した。

加茂田重政は丹羽が殺され、弘道会の手と判明した時点で弘道会会長・司忍（現、六代目山口組組長）の身辺を探らせた。司の家では大きな犬を放し飼いにしているといった情報は早い時点で摑んでいたとされる。

しかし武闘派、加茂田重政はこのころ一和会のため戦う気力をなくしていた。というより、84年一和会の発足時点ですでに戦う気持ちはなかったかもしれない。田岡フミ子の前で「山本広と行をともにするのは嫌だ」と明言していた。

実際、加茂田は山口組が一和会を分派させる直前、加茂田組の主だつ組員一〇〇人ほどを加茂田組本部に集め、こう言い渡したという。「わしは一本（独立独歩）で行く。今まで山口組におって、今度加茂田組一本になったら、シノギもしにくくなるかもわからん。だから出たいもんに対しては、いっさい破門などせん。行くもんは行け」

これに対して組員一同は加茂田重政の判断に従うと答えた。

「親分、命を預けます。やって下さい。頑張って下さい」

こうして加茂田組の独立は組員たちの賛同を得ていた。実行に移すのみだったが、加茂田はここで揺れた。山本広から要請があり、かつ「山広がかわいそうや」とも思って、一和会の創立に加わったのだろう。

このことが加茂田組の運命を決めた。おそらく加茂田は、加茂田組に対して真の自信を持てなかったのかもしれない。一本で行けば、山口組と一和会から挟撃され、両派の草刈り場になる。「一本になったらシノギもしづらい」という加茂田の言葉はホンネだった。

しかも一和会会長・山本広は加茂田を一和会に迎えるに当たって「副会長兼理事長」という最高の待遇、役職をもってした。加茂田としても悪い気はしなかったろうし、ことによると兵庫県警も加茂田に対し、「一本で行く気があるなら、一和会に加わってくれや。山本広はあんたんとこの力だけが頼りなんだから」と勧めたかもしれない。

「山口組解体作戦」

兵庫県警に「山口組解体作戦」があったことは広く知られた事実である。たとえば85年2月兵庫県警察本部『暴力白書』はこう記している。

「山口組解体作戦は、（略）昭和56年7月、三代目組長田岡一雄死亡を同組壊滅の絶好機と受けとめ、厳しい対決姿勢のもとに、全国警察はもちろん、検察、国税、その他関係行政機関と緊密に連携し、県警察の総力を結集して強力かつ多角的な取締りを推進し、山口組の内部分裂、離反を促進して解体し、最終的には壊滅に追い込むことを目的として策定したものである。（略）

昭和59年は、策定後三年目を迎えて『山口組解体作戦の遂行』を県警の運営重点として一段と強力な取締りを推進した結果、山口組系組員検挙数は、一三七〇人と前年に比べて二六二人増と大幅に増加する成果をあげると共に、6月5日には、山口組を分裂に追い込むという最大の成果をあげ本作戦の所期の目的をほぼ達成した」

兵庫県警により、この解体作戦の一翼を期待されたのが加茂田重政だった。当時の山口組幹部間には次のような情報が囁かれていた。

「兵庫県警の方針は、山口組に絶対四代目は作らせない、いったんは解散して、その後は連合体になってもいい、というものだった。県警は加茂田重政と田岡家という二つのパイプを通じて、山口組を揺さぶりにかかった。県警は当時、加茂田を過大評価していた。加茂田を独立させれば、山口組にガタが来ると踏んだのだ。そのため加茂田を別の賭博容疑でパクると脅し、ほぼ独立化の内諾を得た。

一方、田岡家に対しては、田岡満を逮捕すると圧力を加えた。が、姐さん（田岡フミ子）は、満を取るなら取れ、私は山口組を取る、ときっぱり言い切った。これで県警は姐さんを『三代目姐』と認定した。今後は姐さんだろうと容赦しないと威嚇したのだ」

こうした加茂田の中途半端な態度が加茂田の命取りになった。抗争は進み、組織は揺すぶられ、ジリ貧へと進んだ。早くも竹中射殺から五カ月後、名古屋の加茂田組傘下が脱落し、若頭・飯田時磨も引退して戦線を離脱した。しかも北見の花田章が殺され、二代目の丹羽勝治が星川を殺した。幸い一和会の知恵袋、佐々木道雄が持てるパイプをフル稼働して稲川会との二度目の手打ちが成ったが、頼みの佐々木は間もなく収監され、加茂田自身も常習賭博で収監を待つ身である。加茂田がなまじテレビに出て大言壮語したばかりに組織はみるみる切り崩しに遭って、半減から四分の一へと減った。

加茂田組の幹部らは丹羽勝治射殺の報復のため、加茂田に資金提供を願ったが、加茂田は拒否し、加茂田組の離散が決まったともいわれる。88年11月、加茂田は神戸・長田署に加茂田組の解散と自身の引退を届け出た。最盛期、傘下二〇〇〇人と豪語していた加茂田組組員はわずか十人に減っていたという。

こうして壮絶きわまる北海道・北見の抗争もはかない「つわものどもが夢の跡」へと変わった。身を捨てるべき対象として、組も国もあまりにも虚しい。

第二部
実録ヤクザ外伝

第四章 名古屋抗争で中京統一を果たす弘道会・司忍の肉声

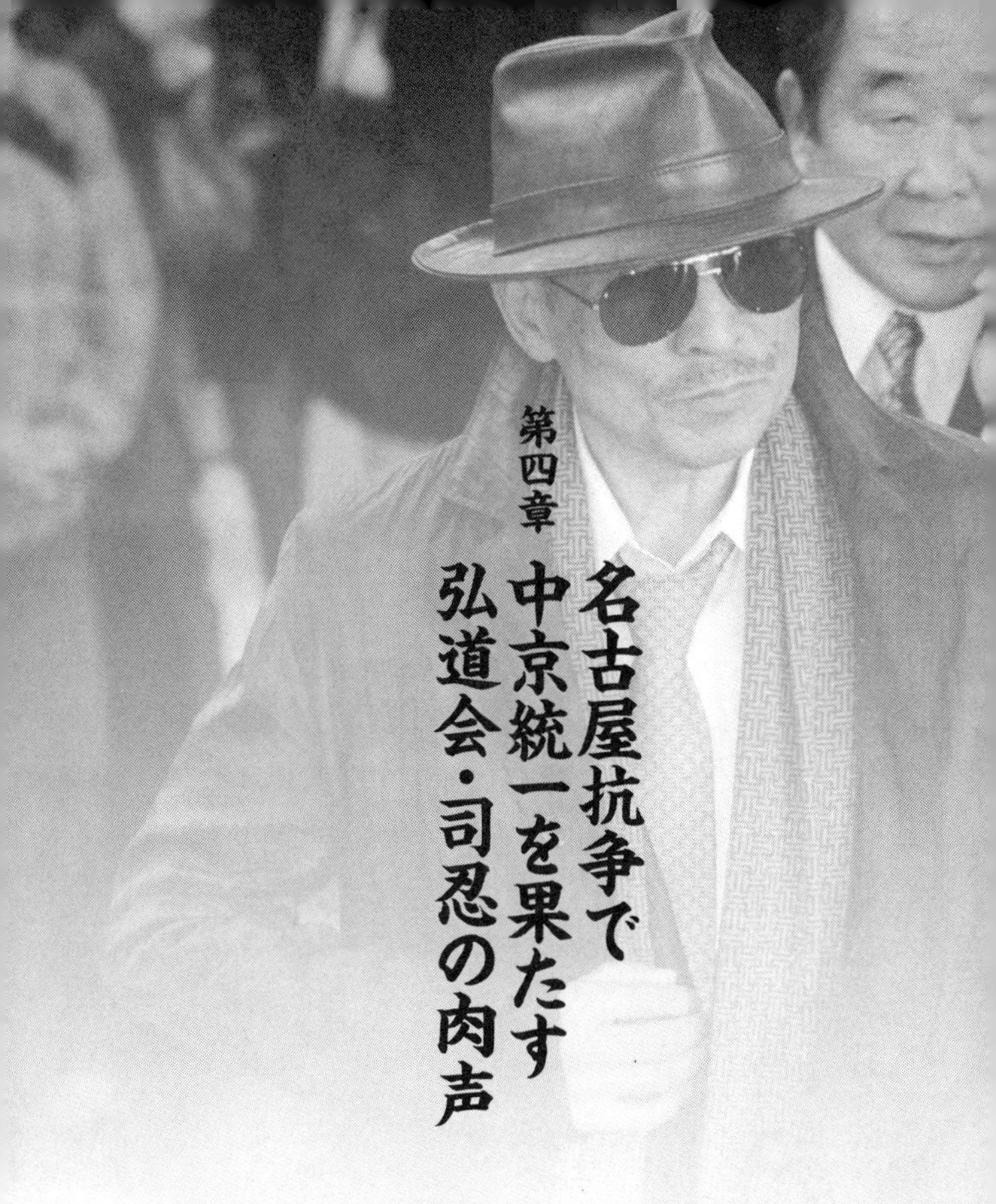

司忍・山口組六代目

司興業を創設

名古屋の暴力団抗争史はきわめて分かりにくい。

弘道会と、その前身である弘田組が名古屋の地元勢の中で孤立し、冷たい目で見られていたことは確かである。中京地区には老舗の博徒組織である稲葉地一家や瀬戸一家が確固とした地盤を固めていた。

が、最初、弘田組は神戸に本拠を置く本多会系の組と抗争する。先方が攻撃を仕掛けて来たからであり、弘田組若頭・司忍（現、六代目山口組組長）は報復攻撃を命じ、みずから懲役十三年の刑に服する。

司の服役中、地元組織は仲間うちで内紛を始める。文字通り血で血を洗う凄惨な抗争であり、一連の抗争全体が「中京戦争」と呼ばれる。その終わりがけ、地元組織である鉄心会の企業舎弟二人の射殺死体が発見される。弘田組の後身である弘道会の犯行と見られたが、実行犯は未逮捕だった。

その上で地元暴力団のうち平井一家と瀬戸一家が弘道会の推薦もあったのだろう、山口組の直系に上り、他の組は弘道会の傘下に入る。すなわち弘道会に敵対する勢力は名古屋から消滅する。弘道会は名古屋版「統一への道」をついに成し遂げた――。こうした流れに、おやっと思われる読者は少なくないにちがいない。弘道会は中京戦争に参戦していない。にもかかわらず、名古屋に盤踞する暴力団の盟主になるのは漁夫の利もいいところではないか、と。

確かにそのように見ることも可能だろう。弘道会はろくに戦わずして名古屋を手中に収めた。それはなぜだったのか。そのころ弘道会の若頭だった髙山清司（現、山口組若頭）の辣腕が物をいったのか。それとも山口組対一和会抗争でめざましい戦績を挙げた弘道会の威令が中京地区にも及んだのか。不明部分が多すぎる中京戦争だが、名古屋での最終的な勝者が弘道会である以上、弘道会を主軸に抗争史を振り返るしかない。

名古屋に古くから根づく山口組系の組は鈴木組（名古屋市港区）があるだけだった。鈴木こと中森光義が率いていた。

中森は戦前、山口組二代目組長・山口登に紹介され、戦後になって三代目組長・田岡一雄の舎弟になった。名古屋港で船内荷役の「和光荷役」を営む企業舎弟だったが、66年神戸を中心に兵庫県警による「山口組壊滅作戦」が展開され、他の山口組舎弟（ほとんど船内荷役業を営む企業舎弟だった）が山口組を脱退するのに合わせ、中森も山口組を脱退した。

鈴木組の若頭だった弘田武志は66年、旧鈴木組を糾合して名古屋を地盤に弘田組を結成し、組長・田岡から盃を受け、山口組の直系若衆になった。司忍はこの弘田組の若頭で、自ら司興業を率いた。

司忍は本名を篠田建市といい、大分県の南部、臼杵水産高校の機関科を60年に卒業、すぐ大阪に出た。最初に頼ったのは同郷の大分出身で、一時柳川組に籍を置いた重石某である。重石は大阪・大正区で運送の重石運輸を営んでいた。ところが司はヤクザ志望で、重石が司を山口組系北山組（北山悟組長、のち一和会）傘下だった原組組長・原松太郎に委ねた。当時、原は大阪・西成の飛田遊郭を縄張りにしていた。

「わしんとこに（司は）二年ぐらいおったですか。そのうち名古屋に知り合いがおる。そっちに移りたいというので、そういうことならと送り出したわけです」（原松太郎）

司は名古屋に移った二〇歳のとき、前出、鈴木組の若頭・弘田武志が率いる弘田組に入った。だが、中京地区には伝統を誇る有力組織が群雄割拠していた上、神戸で山口組と対立する本多会の系列組織が早くから勢力を扶植していた。

「67年ごろ弘田組はたいしたシノギがなく、地元勢にコツン、コツンやられていた。山口組系列（二次団体）ではそのころ名神会（石川尚会長）や益田組（益田啓助組長）、杉組（杉重夫組長）も入ってきたが、神戸で飯が食えず、名古屋に流れてきた人間ばかりだ。どの組もたいした若い衆がいるわけでなし、地元勢はあまり問題にもしなかった」（当時を知る地元の組長）

司忍は弘田組の下でみずから司興業を創設し、68年、名古屋駅裏（新幹線側）の特飲街である大門地区に進出、事務所を構えた。

「大門は稲葉地一家高村会の費場所（縄張り）だったが、稲葉地は金持ちヤクザだ。司興業が入ってきてもたいして反発しなかった」（同前）

事実、最初に攻撃を仕掛けてきたのは大日本平和会山中組小牧支部の組員五人だった。69年5月、彼らは弘田組系神谷組「東陽企業」に殴り込み、事務所当番の二人を匕首や拳銃で殺害し、二人に重傷を負わせた。両組間には組員の引き抜きをめぐるトラブルがあった。

襲撃を受けた神谷組・神谷光雄組長は弘田組の若頭補佐だったが、報復必至と見た愛知県警は神谷組長以下、神谷組の幹部全員を逮捕し、事前に戦闘能力を奪った。だが、弘田組としては本多会系に仲間をやられっぱなしでいるわけにいかない。

7月、司興業と佐々木組（弘田組若頭補佐・佐々木康裕が率いた、後出）の連合部隊は報復のため、大日本平和会春日井支部長（豊山一家）豊山王植を名古屋市千種区のアパート（豊山の愛人宅）で日本刀で殺害した。

司忍は襲撃指示で懲役十三年、同じく実行犯を指揮した司興業若頭・土井幸政（その後、弘道会系司政会議総裁）も懲役十三年を宣せられ、それぞれ服役した。当時佐々木組にいた髙山清司も逮捕され、判決は懲役四年だった。

司の服役時代、弘田組の若頭は司に代わって前出、神谷光雄が就いた。髙山は出所後、佐々木組の若頭に抜擢されるが、76年弘道会内佐々木組は菱心会と改称され、髙山の役職もそれに伴い、菱心会理事長に変わった。同年、髙山は弘田組の直参になり、80年には若頭補佐、89年には弘道会若頭に上って、現在の司―髙山ラインの原型をつくっていく。

「中京五社会」の反目

弘田組対本多会の抗争以降、名古屋の地元勢は自壊作用を起こす。彼らは弘田組に効果的な攻撃を加えることなく、「中京戦争」と呼ばれる内戦状態に入るのだ。

80年愛知県津島市で中京浅野会と瀬戸一家俠神会が縄張り争いから抗争し、俠神会側に死者一人を出した。これは報復抗争を招かず鎮静化したが、83年6月になって、名古屋の北郊、大口町でカラオケの順番争いから中京浅野会と俠神会が争い、数次のカチコミで組員ら四人が負傷した。

この事件で和解の労を執ったのは「運命共同会」代表・河澄政照だったが、和解条件に不満を持った瀬戸一家俠神会系の組員三人が、瀬戸一家八代目総裁・小林金治宅を辞去する河澄代表を射殺した。

「運命共同会」は79年に結成された暴力団の連絡組織で、平井一家を中核とする愛豊同志会の他、中京浅野会、鉄心会が参加していた。

河澄代表の射殺でまたしてもカチコミが相次いだが、愛知県警は瀬戸一家、中京浅野会双方の組員一五〇人を逮捕した。84年6月、抗争は終結に向かい、瀬戸一家では小林金治が総裁を引退し、渡辺啓一郎が九代目総裁を継いだ。

だが、翌85年4月、旧愛豊同志会（河澄総裁の死後、政心同志会と改称）の組員が引退した瀬戸一家の小林金治元総裁を蒲郡市五井町の自宅で射殺した。小林総裁は前年の83年10月にも約三〇〇平方メートルに及ぶ旧宅に何者かにガソリンを撒かれ、全焼する災難に遭っていた。

犯人の組員は、「河澄総裁は瀬戸一家組員に無惨な殺され方をした。総裁の無念を晴らし、仇をとるためにやった」と供述したという。事件は政心同志会の藤川卓夫会長が断指して詫び、瀬戸一家との二度目の和解が成立した。

86年、地つきの瀬戸一家、平野家一家、稲葉地一家、導友会、運命共同会は「中京戦争」の教訓から「中京五社会」という親睦団体を設けた。しかし五社会の実態は「お食事会。ドングリの背比べ連中がよせばいいのに、お互い反目し合っていた」と前出の地元組長はくさす。争いを沈静化するのではなく、内包する親睦会だったといえよう。

しかし名古屋では85年、「中京戦争」とは別の流れの抗争が勃発した。同年4月、導友会系浜健組・浜田健嗣組長と同会系水谷組・水谷賢二組長の二人が名古屋市の緑ヶ丘カンツリークラブでゴルフを終え、クラブハウスに戻ったところ、待ち伏せていた平野家一家徳心会（光岡徳成会長）の組員が二メートルの至近距離から二人に銃弾を浴びせた。浜田組長は三発の銃弾を受けて瀕死の重傷で、水谷組長も重傷を負った。

犯人の徳心会組員は「兄貴分が浜健に借金を申し込んで断られ、首つり自殺した。その仇討ちだ」と供述したが、浜健組は納得せず、二日後、浜健組組員二人が徳心会事務所に押し掛け、同会組員を射殺した。

同年11月、名古屋市の龍泉寺霊園で浜健組内小松組組員が先の徳心会・光岡徳成会長の実の兄弟である導友会理事長（光岡組組長）光岡官成組長に銃弾六発を浴びせ、即死同然に殺した。

導友会としては浜健組による内紛を座視できず、浜健組長を絶縁処分にした。が、一命を取り留めた浜健組長は処分に服せず、引退も組の解散もしなかった。

86年1月、徳心会は浜健組への報復に動き、徳心会幹部が名古屋の繁華街で浜健組東京支部長ら三人を銃撃、組員二人に瀕死の重傷を負わせた。東京支部長は防弾チョッキを着ていたため、難を逃れたという。

が、浜健組は引かず、徳心会の光岡徳成会長宅にカチコミ、徳心会事務所に十トントラックを突っ込ませた。

2月には光岡組内山下組幹部ら二人が刈谷市のスナック前の路上で浜健組副組長である小松組・小松勲組長と組員を銃撃し、小松組長を射殺、組員に重傷を負わせた。

両組はその後も名古屋の繁華街で銃を乱射し、カチコミ、車による追撃戦などを演じて、「ミニ山一抗争」と呼ばれたが、86年7月になって導友会、徳心会、浜健組が抗争を終結させ、一連の事件は沈静化した。

この三年前の83年、司忍は刑期を終えて出所し、弘田組に復帰した。

84年6月、山口組は一和会を分派させるが、竹中正久四代目体制の発足をきっかけに弘田武志が引退した。司忍は弘田組を実質的に引き継ぎ、新たに弘道会を結成して、山口組の直系組織へと昇格した。

「開拓したとこは城」

88年8月、筆者は名古屋の弘道会本部を訪ね、司にインタビューしたことがある。司のそばには菱心会会長・佐々木康裕（故人）も弘道会副会長の肩書きで控え、適宜、司の言葉を補っていた。

ここで少し長くなるが、当時、司が五社会などについてどう述べていたか、司の肉声を紹介しよう。

司「うちに強いというイメージがあるとしたら、結局、われわれが神戸から中京に入って行ったときには『なんや山口組？　どこの組や？』いう時代だったでしょう。しかも警察の圧力、地元の団体の圧力にたえずさらされておった。

それからうちの一組で五つも六つも地元の組織とやり合って、ずーっと来てるから。

今回みたいな大きな抗争（山口組・一和会抗争）になっても、手弁当で喧嘩するいう意識が残ってる。ゼニはないけど、握り飯食ってでも喧嘩やるぞという気持ちがあるから。うちは貧乏してる組だから、手弁当で『よっしゃ、喧嘩するんや』というええとこは残っとるわね、田舎の出の人間が多いもんでね」

――名古屋は難しい土地柄と聞いてます。

司「名古屋はよそから来た人間に対してはものすごく排他的なんですよ。昔はよそから来た組織に対してほんとにつらく当たってましたから。今は少しなれ合いの感じが出てきたんですけど、それでも今現在、名古屋には五社会という組織があってね、山口組はそこから離れてます。

地元の人のいうことも分かるんです。というのは、東海道の街道筋なもんですから、昔からやっぱり博徒が多いわけですね。たとえば、ここは稲葉地一家、ここは導友会といったような縄張りがあるわけです。

それと地元の人の考えとしては、山口組の当代は竹中正久なんだと。われわれ（弘道会）はここにおるとしても、単なる（山口組の）枝の若い衆だという認識だね。だから地元の者は自分の城とか居場所を持っているが、あんたらは居場所がないんですよ、山口組の当代は竹中正久だから、われわれはあそこと肩を並べるんですよ、という感覚を持ってますね。

まあ極端にいえば、われわれ山口組の者が、日本全国どこも山口組の縄張りなんや、と。よそ様の費場所で飯を食わしてもらっとるんだという意識は、われわれは持ってないわけですな。開拓したとこは城なんやと、そういう気持ちでおるもんで、そこら辺のギャップというか、やっぱりあるわな。

そやけど五社会は一部分ですね。（実際にやってることは）立て前と全然違うものね。（五社会は）地元の親睦会を出るものじゃない。初代、二代、三代、四代と続いている組織が多いし、お年寄りの人もようけおるから、自分の代になったから、こうやと打ち出す形にはなかなか、改革できんものね」

ここで弘道会副会長・佐々木康裕が「われわれは五社会とはつき合ってないが、各組とはつき合ってる」と言葉を添えた。

司「うちでいえることは、長期の懲役行ける人間、そういう志願者が多いということだけは言えるわね。そういう組織であることは事実ですね」

佐々木「会長が今いうたように、貧乏人の子が多いんです、結局ね。地元ではまあ導友会なんか地元の学生崩れとか、金持ちの息子がぐれてヤクザになったのが多いけど、昔から弘田組、弘道会というのは飯が食えんでヤクザになるしかないって連中が多いですからね。（弘道会系列の）各組に行くと、自分は仕事が嫌い、ヤクザが天性といった気でおる者が何人かおるわけや。われわれとしては（そういう者に）飯を食わしたらなあかんでしょう。そういう事務所には、ここ（弘道会本部）でもそうやけど、たいがい五人十人ぐらい、飯が食えんで、事務所で飯を食うとる連中がおる」

司の言葉の端々にうかがえるのは五社会を問題とせず、すでに名古屋の地元勢を呑み込んだような自信である。弘道会は山口組・一和会抗争の早い時期に戦績を挙げている。それが司忍の自信につながった可能性があろう。

組長宅に銃弾十発

85年2月、弘道会系菱心会組員は竹中襲撃を指示した一和会系二代目山広組の若頭・後藤栄治が率いる後藤組若頭・吉田清澄を拉致し、後藤栄治の居所を吐けと吊し上げた。後藤はこのため後藤組の解散届を三重県・津署に提出し、吉田の解放を願い、山口組本部に詫び状を入れた。

同年4月には弘道会系薗田組幹部ら三人が一和会の水谷一家（四日市）系組員二人を名古屋市内のレストランにおびき出して拉致した。弘道会系の幹部らは水谷一家の解散を要求して人質解放との交換条件にした。だが、水谷一家が解散しなかったため、組員一人を手錠と縄で縛ったまま射殺し、一人に重傷を与え、車に入れて車ごと病院前に放置した。

88年4月には弘道会系司道連合の幹部ら二人が札幌ススキノで一和会の加茂田組系二代目花田組組長・丹羽勝治に銃弾五発を撃ち込み、射殺している。

三事件とも自派への反作用が少ないにもかかわらず、一和会の要路へのピンポイント襲撃たり得たといえよう。弘道会の攻撃は確実に一和会を弱体化に導いた。

「こうした弘道会の好戦性は一和会に向けられたものであって、名古屋の五社会に向けられたものではない。しかし、地元のヤクザは山一抗争を興味津々見守っていた。おっ、弘道会やるじゃない、いい働きしてる、とばかりに、山一抗争で弘道会に一目置くことになった。その意味でヤクザもそこらの野次馬と変わらない。ミーハーだから、世間の評判に大きく影響される」（名古屋のジャーナリスト）

弘道会が徐々に名古屋で重きを加えたのは確かである。名古屋の繁華街である栄や錦には風俗店が密集し、地元勢のいい費場所だったが、おおよそバブル期には弘道会の管理下に入ったという。

「弘道会の若頭だった髙山清司が考え出したことだが、飲食店や風俗店から月々組合費を集める。それをもともとその地を費場所にしていた地元組織に分ける。地元勢としては集める手間もトラブルも要らない。これはいいとなった。弘道会としても組合費からカスリを取れる。一挙両得のわけで、栄や錦三（錦三丁目）も弘道会の手に落ちたわけだ」（地元組長）

91年1月、弘道会と運命共同会鉄心会が名古屋で激突した（名古屋抗争という）。

髙山清司・山口組若頭

鉄心会はテキヤの組織で、組員数は約一〇〇人。首脳部は反弘道会で固まり、一部は稲川会と接触していた。しかし、弘道会は鉄心会に触手を伸ばし、籠絡にかかっていた。

抗争の原因は鉄心会の一部組員が弘道会への移籍を求めたところ、運命共同会が移籍を求めた組員全員を破門にしたことだった。

同月26日、弘道会組員は移籍を拒否していた鉄心会組員を銃撃し、重傷を負わせた。28日には鉄心会伊藤組組長の自宅兼事務所に銃弾十発を撃ち込み、30日には鉄心会の企業舎弟だった不動産業者二人を射殺した。

2月になって弘道会と運命共同会は稲葉地一家総裁・池田憲一が仲裁に入ったことで和解し、これに伴い中京五社会も自然消滅した。

91年3月、平井一家総裁・岸上剛史と瀬戸一家総裁・渡辺啓一郎は山口組入りして直系組長となった。また中京浅野会、平野家一家、導友会、稲葉地一家、それに浜健組の残留組員は新組織を結成して、弘道会入りを果たした。弘道会は地元勢の内紛と敵失に助けられ、さほど労せずして名古屋という豊饒の地を手に入れ、「中京統一」を成し遂げたというべきだろう。事実、03年、高山若頭を主人公にするDVD『実録名古屋やくざ戦争　統一への道』四部作が製作されている（但し内容的には信が置けない）。

現在の山口組は六代目組長・司忍、若頭・高山清司の体制であり、司、高山は名古屋で成し遂げた「統一への道」を全国レベルでも成し遂げる構えと見られる。

現在、暴力団対策法の指定団体は二十二団体に及ぶが、住吉会や道仁会などを除くおおよその団体は山口組と友誼関係を結んでいる。中でも十数団体は毎年二回、神戸の山口組本部を表敬訪問している。

11年12月にも七代目合田一家、四代目浅野組、三代目福博会、三代目侠道会、二代目親和会、東亜会、双愛会、六代目会津小鉄会、八代目酒梅組、稲川会、松葉会などがまるで徳川幕府の参勤交代のように総本部に出向いている。

六代目山口組が暴力団世界で目指しているのは山口組による平和であり、山口組幕府の開設かもしれない。山口組を取り巻く社会環境はとげとげしさを増し、とうていそのような世迷い言を許さないだろうが。

第二部
実録ヤクザ外伝

第五章
残忍な仇討ちを重ねる九州抗争はなお続く

2011年8月に発砲や爆発があった道仁会会長宅

三代目会長射殺

福岡県下にそれぞれ本拠を置く道仁会（久留米市、小林哲治会長）vs九州誠道会（大牟田市、浪川政浩会長）抗争は06年以来もう六年間続いている。

道仁会は武闘路線と反権力、反警察の姿勢で知られている。構成員数は約八五〇人。86年から87年にかけて山口組系組織を相手取り、九州四県で七十七件、死者九人を出す熾烈な抗争を繰り広げた（山道抗争）。

初代・古賀磯次会長が71年久留米市で立ち上げ、92年、松尾誠次郎幹事長に二代目会長の座を譲った。同年、暴対法に基づく「指定暴力団」に指定された。福岡県警によれば道仁会は福岡、佐賀、長崎、熊本、山形の五県に約五十の傘下組織を持つとされる。

06年5月、松尾会長は引退を発表し、後継会長に大中義久・二代目松尾組組長を指名した。5月23日、大中組長は道仁会三代目会長を継承したが、最大の傘下組織である三代目村上一家（大牟田市、村神長二郎総長）の他、永石組、鶴丸組、高柳組がこの後継人事に反対した。

村神総長らは道仁会からの離脱を表明し、福岡や佐賀などの数団体をまとめて、7月新たに九州誠道会を旗揚げした（構成員数は一都五県に約三八〇人、「平成23年版警察白書」)。会長は村神長二郎総長、副会長・永石秀三（永石組組長）、相談役・鶴丸善治（鶴丸組組長）、そして理事長に浪川政浩・四代目村上一家総長という体制だった。

道仁会執行部は早くも5月18日に村神総長と永石組長を絶縁処分とし、22日には浪川政浩・浪川会会長をも絶縁・九州所払いし、23日に三代目継承を行って、対決する構図を明らかにした。

道仁会の後継人事が発表された5月以降、抗争が頻発した。両派は激しく争い、旧ソ連製カラシニコフの改造自動小銃による乱射や、手榴弾による爆破、火炎瓶による放火、二人乗りバイクによる車を追い抜きざまの銃撃など、抗争は激烈で、負傷者ばかりか自殺者さえ出した。

07年6月13日、九州誠道会の鶴丸善治相談役が漁に出て、佐賀県久保田町の自宅近くの船着き場に戻ったところ、道仁会系の組員とおぼしき者に刃物で全身二十カ所をめった刺しにされ、惨殺体で発見された。

直後の6月19日には九州誠道会村上一家忠真会の入江秀則会長代行が熊本市内の自宅寝室で頭を拳銃で撃たれ、背中を刃物で刺されて殺害された。

同年8月18日、その報復で、九州誠道会系村上一家神闘総業幹部が福岡市中央区黒門の路上で、知人が運転する車を降りた道仁会・大中義久会長を射殺した。大中会長はヨーロッパ旅行から帰国したばかりで、近くの飲食店で食事した後、知人のマンションに寄ろうとしていた。

尾行するワゴン車に気づいてはいたが、構わず車を降りると、ワゴン車から降りた神闘総業幹部が突然銃撃し、大中会長は車道に飛び出し、別の車にはねられて倒れたところを再び頭などを撃たれた。直後に病院に運ばれたが、そのまま絶命した。

三代目道仁会はわずか一年ちょっとで九州誠道会のためトップのタマを取られた。だが、だからといって、抗争を終えるわけにいかない。すぐ第四代に小林哲治会長を立てて抗争を継続、大中会長殺害の報復で、次の19日には熊本市で九州誠道会村上一家忠真会・中村文治会長を銃撃、重傷を負わせた。

入院患者を誤射殺

同年11月8日、道仁会系組員が佐賀県武雄市の病院で無関係の入院患者、板金業のMさん（事件時三四歳）を九州誠道会関係者と誤認し、射殺した。

病室には以前、九州誠道会系永石組関係者が入院していたが、実行犯の道仁会系組員

（同六一歳、一審は懲役二十四年、二審無期懲役）はろくに確認も取らずにトーラス社製38口径回転弾倉式拳銃から殺傷力の強いトータルメタルジャケット弾四発を発射した。

検察側の冒頭陳述には、次のように記されている。

「被告は初対面の被害者の名前を確認することもなく、即座にポケット内から本件拳銃を取り出し、被害者まで三メートルの位置から、ほぼ水平に、銃口を被害者の上半身に向け、無言のまま二発発射した。

二発の弾丸のうち一発は被害者の右肩を貫通し、他の一発は命中せず、いずれも窓ガラスを貫通して、五十メートル以上離れたグリーンコープ生協さがたけおセンターの建物内外に着弾した。被害者は大きな悲鳴を上げながら、ベッド下へ逃げ込もうとしたが、被告は床に這いつくばるようにした被害者に向けて、なおも二発の弾丸を立て続けに発射した。

その結果、一発は被害者の左前胸部に命中して背部右外側から体外へと貫通。他の一発の弾丸は、ベッドの金属製の枠などに当たり、病室内に遺留された。

被害者の死因は左前胸部に命中し、身体を右斜め下へ貫通した弾丸が、心臓直上の動脈や右肺を損傷したことによる失血死であった」

同じ11月の24日、今度は大牟田市の病院前で九州誠道会系村上一家古賀組・古賀茂喜組長が射殺された。古賀組長はこの病院に通院していたが、実行犯は待ち伏せし、古賀組長が病院玄関から出て来たところを約一メートルの至近距離から古賀組長の頭や腹を目がけ、銃弾を撃ち込んだ。古賀組長は心肺停止状態で即死同然だった。

さらに11月27日には久留米市のマンション駐車場で道仁会系大平組・大平義和組長が頭や胸、首などに銃弾を撃ち込まれ、血まみれで殺された。駐車場から約二〇〇メートル離れた路上では大平組長の運転手役だった大平組組員が胸などを刺され、死亡した。12月12日、福岡県公安委員会は道仁会に対して暴対法による六度目の「指定暴力団」決定を官報に公示した。九州誠道会に対しては08年2月、初の「指定暴力団」に指定した。

道仁会vs九州誠道会の抗争は08年から休戦状態に入った。3月20日、九州誠道会の最高幹部である永石秀三、高柳弘之両組長は道仁会系組員の誤射で殺された患者の遺族を訪ねて謝罪し、村神長二郎会長の引退と抗争終結を宣言する文書を手渡した。

その文書を一部引用する。

「病院は治療を受けられている方には聖域であり安心、安全域と考えられます。その公共性の高い場所においての発砲事件はご遺族の悲痛をひしひしと感じさせ、私の社会的責任の重大さを痛感致し熟考の末、最高責任者である私が身を引くべきと決心致しました」

「道仁会四代目会長も拘留の身でありながら当局を通じ若者をこれ以上動かさず、身を賭して間違いを収めるという意向を聞き及び、武雄市の誤射事件を重く受けとめられておられるものと考えられます」

「これ以上社会を騒がす事は私の本意にあらず私の九州誠道会会長職引退をもって抗争終結宣言を致します。

もともと遺恨なきところで起きた間違いであり、双方の若者たちはただただ盃に従うのみで御座いました」

誤射を起こしたのは道仁会側だったが、九州誠道会・村神会長はあえて反省の意を示して会長を引退、ほぼ一方的に抗争を終結した。

殊勝な行動だったが、同年4月、前会長は覚せい剤取締法違反の疑いで茨城県内で逮捕されてミソをつけた。裁判では情状酌量を認められ、懲役二年、執行猶予四年の判決で済んだのだが。

盃をどう解釈するか

誠道会二代目会長にはそれまでの浪川政浩理事長が就任した。

村神前会長の文書に「もともと遺恨なきところ」とあるのは、次のような論理による。関東の広域団体幹部が代弁する。

「道仁会を出た村神さんにも言い分がある。06年5月に松尾さんが『二代目の引退と引き換えに、俺が跡目を決めるのは俺の権利だろう』と言ったのに対し、村神さんは代目の交代はヤクザが進路を自分で決められる唯一のチャンスだ、そうでなければ、親分から白い物を黒いと言われても従うのがヤクザだから、生涯、自分で進路を決められなくなる、と考えた」

九州誠道会の次を継いだ浪川会長には、村神前会長以上に、九州誠道会への分派独立を非難されるいわれはないと、浪川会長と数年来親交を結ぶ都内の事業家が解説する。

「浪川さんは道仁会時代、道仁会の直参じゃないですよ。彼が盃をもらったのは村上一家の村神総長からで、松尾さんから盃をもらったんじゃない。だから松尾さんが盃関係にない浪川さんを絶縁するのは理屈として通らない。浪川さんとしては誠道会の旗揚げは『道仁会を出た親分の村神総長に従ったまで。ヤクザとしてはむしろ美談だ』っていうはずです」

もちろん道仁会には道仁会の言い分がある。道仁会の幹部が指摘する。

「二代目の松尾会長が代替わりを表明し、三代目に大中義久理事長（当時）を指名したのは5月17日です。道仁会はその日のうちに、福岡には四社会という親睦会があるのですが、それに加盟する工藤會、太州会、熊本会に代目代わりの挨拶に行った。これには執行部の一員として村神長二郎も永石秀三も同行している。

もし後継人事に異論があるなら、この日、他団体に同行していること自体がおかしい。次の日から村神、永石たちへの連絡は取れなくなり、挙げ句まだ二代目体制である5月21日、マシンガンや拳銃、手榴弾で道仁会本部や直参組事務所など五カ所にカチコミした。人事に不満で本部にカチコむなどは前代未聞。渡世の掟に反するのがどちらか、誰が見ても明らかだし、浪川が村神という親分に従うのが美談というなら、渡世の道に外れた村神を諫めて、道仁会に戻すのがほんとの美談のはずです」

昨今は就職感覚で暴力団に籍を置く者も登場している。就職なら大いばりで転職も利くが、暴力団の伝統的考えでは、いかな無理難題でも親に従うのが子分である。両者の言い分の違いは暴力団の親―子盃が時代の感覚とずれてきたことの現れだろうが、盃をどう解釈するかで、何人もの幹部や組員が殺し、殺されするのだから、恐ろしい世界である。

福岡県の「指定暴力団」には道仁会と九州誠道会の他、工藤會、福博会、太州会がある。いずれも地元に根ざした強固な組織であり、九州誠道会の道仁会からの離脱と、両派の対立抗争を対岸の火事と見守るわけにいかない立場である。本来なら地元組織は道仁会に味方して九州誠道会攻撃に加担するか、積極的に調停を買って両派の間に立つか、どちらかだったろう。

だが、地元勢は今のところ両派の抗争を見守り、仲裁に乗り出していない。隣県の熊本会も同様だし、山口組でさえ両組織のどちらにも味方してはならない、争いに関わってはならないと指令を出したほどだ。

シノギの場は全国

山口組対一和会抗争を見るまでもなく、ふつうヤクザ社会では、既成組織から出た方に分がない。既成団体が絶縁や破門など処分した者に対しては、他の組は拾わない、救いの手を差し伸べないという不文律があるからだ。慶弔の式事にも案内を出さない。

中国地方の組織が、道仁会と九州誠道会との抗争で何とか打開策をと動いてはみたが、結局は実を結ばなかった。九州誠道会の前途は厳しいが、ただ救いとして、浪川政浩会長の実力を評価する声がある。浪川会長はその政治力や経済力が物を言ってか、東京でもしばしば取り沙汰される名である。

前出、都内の事業家が言う。

「道仁会の枝の時代から浪川さんの力量は抜きん出ていた。東京・上野には組事務所の名目ではないけれど、七階建ての組施設を持っている。おそらくヤクザ関係では東京一大きいビルを丸ごと拠点にしている。九州はもちろん、岡山や姫路、神戸・花隈にも拠点を持ち、山形にも勢力を扶植している。

浪川さんは経済力に優れ、全国のヤクザとカネの関係がある。山口組の山健組はもちろん、弘道会とも通り一遍のつき合いじゃない。しかも九州誠道会は喧嘩が強い。いざ抗争になれば徹底的に戦うことは、道仁会との抗争で嫌というほど見せつけている」

この事業家によれば、浪川会長は地元大牟田市ではシノギをしていないという。シノギの場はもっぱら東京と福岡を中心に全国が相手。東京では不動産や金融を手掛けるほか、法律事務所や二つの宗教法人を傘下に持つという。浪川会長の下には企業舎弟的な弁護士もいるし、教団の教主なり法主がいると理解できる。

56年生まれで、現在五五歳。しかし、そういう浪川会長も抗争の修羅から簡単には抜け出せない。

08年9月、大牟田市のマンション前の路上で九州誠道会の井場徹会長補佐が右胸と左脇腹、左手に銃弾を受けて倒れていた。病院に搬送されたが三時間後に死亡した。このとき道仁会との抗争はストップしており、犯人が道仁会関係者か、それともまるで無関係なのか、大きな謎を残す殺しだった。

09年2月3日、神戸の有馬温泉で山口組若頭補佐、山健組の井上邦雄組長と九州誠道会・浪川政浩会長が代紋違いのまま兄弟盃を交わした。浪川会長の方が五厘下がりと伝えられる。この盃は山口組の高山清司若頭も承認したことで、高山若頭が盃事の後見人をつとめた（広く公表されなかった）。

山口組がなぜ火中の栗を拾うようなマネをしたのか、謎は残るが、この兄弟盃以降、山口組が九州誠道会に肩入れした事実はない。山口組の司忍組長は11年4月に出所した後、初めて盃事を知り、不快感を示したが、深く信頼を置く高山清司若頭が後見人をつとめたと知って、お咎めなしになったという情報も流れた。山口組執行部の方針は道仁会と九州誠道会のどちらにも与しない、両者から等距離、中立をモットーとし、相変わらず両派の争いには立ち入るまいとしている。

七八歳のヒットマン

どのような理由によるか不明だが、11年に入って再び道仁会vs九州誠道会抗争は激化した。

同年4月5日、道仁会系組員二人が佐賀県伊万里市の病院駐車場で、入院患者を見舞った誠道会系の浜ノ上勝則幹部の胸を撃って失血死させた。弾は左胸に真っ正面から入り、背中に抜けていた。このとき一緒にいた九州誠道会系の元組長は首の付け根付近に怪我を負った。

同月21日、佐賀県小城市三日月町の自宅敷地で誠道会系の南里祐次組員が男に刃物で胸と背中を刺され、殺された。

同月24日、福岡市西区のマンション駐車場で男二人が九州誠道会系の野村裕次幹部を待ち伏せして胸や背中を刃物で刺し、病院で死亡が確認された。背中の刺し傷は心臓にまで達し、致命傷になった。

8月26日、九州誠道会関係者の厳野平一容疑者（七八歳）が機関銃一丁、拳銃二丁を持ち、久留米市上津町の道仁会・小林哲治会長宅の塀を乗り越えて侵入した。組員が庭に出ると、厳野容疑者は手榴弾二発を爆発、拳銃数発を発射し、組員に重傷を負わせた。小林会長は二階で寝ていたが、無事だった。

この事件は八〇近いじじいが抗争に参加か、へなちょこの若い者より役に立つ、と世間を驚かせた。

9月15日、佐賀市木原のラーメン店駐車場で誠道会系の福島弘海組員が背後から射殺された。弾丸は福島組員の上半身に集中していた。同月19日、熊本市植木町のアパートの一階から二階に通じる階段付近で道仁会系大沢組の森伸幸組員が右の頬と腕を拳銃で撃たれ、意識不明の重体に陥った。

9月30日、福岡市東区多の津で九州誠道会の馬田竜剛幹部が太ももと肩、尻の三カ所を拳銃で撃たれ、病院に運ばれたが、命に別状はなかった。馬田幹部が路上に停めた車に乗り込もうとしたとき、車のかげで待ち伏せていたサングラスの男が正面から銃を発射、馬田幹部は逃げようとして背後から撃たれ、近くの多々良新川に飛び込み、からくも殺害を逃れた。

こうまで殺し合いを重ねても、道仁会vs九州誠道会抗争は今もって終結の見通しが立っていない。2012年にも抗争は引き続き、さほど多くない双方の組員は全員殺され尽くすのではないかとさえ思われてくる。

両派ともこの抗争に負ければ、以後は暴力団として存続できない。生き残るために何としても相手を叩きつぶさなければならないのだ。実力ある時の氏神が登場し、争いに妥協点を見出してくれれば別だが、それがないかぎり、両派の共存はなく、勝つか負けるか二つに一つのサバイバルゲームである。

今年、通常国会に提出される改正暴力団対策法案では新たに「特定抗争指定暴力団」制度が導入され、道仁会と九州誠道会が指定される見通しである。組事務所周辺を警戒区域とし、敵対組織の組員がうろうろしたら、即逮捕しようという狙いである。当事者団体以外には及ばない制度だが、ヘタをすれば共倒れという事態もあり得よう。

あとがき

暴力団抗争を担う人たちの多くは子供時代、それこそ箸にも棒にもかからない悪ガキだったにちがいない。そういう悪ガキが長じて後、組のため抗争に突っ込んでいく。運よく相手を仕留めたとして、その後は人目をおどおど気にする逃亡生活か、刑務所の中で自由を奪われ、老木のように朽ちていくか。いずれにしろ、ろくでもない毎日のはずである。

逆に抗争で殺され、ケガを負う場合もある。一瞬の苦痛のうちにまだ味わいきっていない人生を終えるか、廃人同然の身体で老後を迎えるか、どっちに転んでも人が羨むような生き方ではない。

だが、それにもかかわらず、人は抗争に惹かれ、興味津々、抗争を見守る。これは何なのか。司馬遷は『史記』に「游俠列伝」も「刺客列伝」も収めた。現代日本で大新聞を率いる老ボスは「悪名は無名に優る」とうそぶいた。抗争したという一点で、暴力団は人に何かを訴え、語り継がれる存在に化ける。おそらく人の本性には、抗争に反応する何かが潜んでいるからだろう。

人を殺すことは数ある犯罪の中でも特殊にまがまがしい。人殺しをタブーとすることは暴力団トップの肉親にさえ見られる現象である。たとえば山口組四代目組長・竹中正久の実の姉は、正久が一和会に殺された後、「うちのマーちゃんは殺されたけれど、マーちゃん自身は生涯、誰も殺さなかった」と胸を張っていた。彼女は若いころ看護婦をした人で、生命に対して人並み以上の感性を持っていたのだろうが、暴力団の首領である弟が生涯、直接手を下して人を殺さなかったことを誇りにしていた。

しかし竹中組は姫路事件など血なまぐさい抗争を経ている。法的に問われたか否かは別だが、竹中正久が配下に人を殺すよう指示した、つまり発覚すれば殺人教唆に問われるような行為をしなかったとは信じがたい。山口組の組長や若頭であった以上、殺人教唆や殺人の指示、殺人の共謀共同正犯に擬せられるような行為をしただろうことは容易に察しがつく。

殺人の前科ある者に、その前科にこだわらずに話し掛けることは難しいのではないかと思われるかもしれない。しかし個人的な体験を記せば、かなり日常的な感覚のまま殺人の模様を聞けるかもしれない。

あるとき、組のために人を殺し、刑をつとめ、出所してきた組員に対し、刃物を構え、体当たりするようにして相手の腹を刺した、そのときはどんな感じだったか、聞いている自分がいた。相手は、ちょうど豆腐を刺すように何の抵抗もなく、すーっと刃が入っていった、自分でも不思議な感じがした、そのとき刃物の柄を握る自分の手の感触を覚えていると答えたものである。

組のための殺しはちょうど兵士が国のために戦って罪に問われるどころか、逆に勲章をもらうように、殺人を正当化し、責任を免除するのかもしれない。そのためたいていの組員は人を殺したからといって、性格がゆがむとか、精神が不安定になるとか、そういう後遺症なしですむのかもしれない。

抗争を犯罪として見るか、人の営むドラマとして見るかで、大きく見方が違ってくる。暴力団は権利なきところに権利を主張し、自分たちの縄張りとする。その権利は当然のことだが、法的にも慣習的にも保護されない。縄張りを維持したければ、自分たちでつねに権利を主張し、縄張りを侵すものに対しては自力で撃退しなければならない。ちょうど野生動物が餌を狩る範囲としての縄張りと同じで、他の群れに侵食されれば、前途は飢え死にだから、死に物狂いで他群と戦い、追い払う。

この意味で暴力団は有史以前、部族社会の群れと似ているのかもしれない。人が弱肉強食のとげとげしさと、いつも警戒を怠れない環境に疲れ、社会を簡便に律するルールをつくったとして、暴力団はそれ以前の状態を今も繰り返す存在といえよう。しかし彼らは野生動物と異なり、侵食する者を追い払うだけでは足りず、これを殺す。人に天敵はいないというより、人の天敵が人である以上、同種同属が殺し合う仲間殺しはきわめて「人間的な」行為ともいえよう。

こうした見立てがもし成立するなら、暴力団の抗争は血なまぐさく、非文明的というより、いっそ「牧歌的」という形容詞がふさわしい。男が暴力団の抗争に惹かれるのは、自分と家族を養うための戦いの原型が暴力団抗争にあるからではないのか。欲望の虚飾なき表出が暴力団の抗争である。

本書は『週刊ポスト』の連載「血の相剋─実録戦後暴力団抗争史」（11年10月14日号～11月18日号）と「血の相剋外伝」（12月9日号～12年1月13・20日号）を一冊にまとめたものである。新書化は週刊誌での連載時と同様、週刊ポスト編集部の飯田昌宏編集長、鶴田祐一副編集長、新里健太郎デスクのお世話になっている。記して謝意を表したい。本文中では敬称を略させていただいた。

２０１２年１月

溝口　敦

[著者・公式ホームページ]
「溝口敦の仕事」
http://www.a-mizoguchi.com/

写真
共同通信社、時事通信社、読売新聞社

溝口敦

みぞぐち・あつし
1942年、東京生まれ。早稲田大学政経学部卒。ノンフィクション作家。ジャーナリスト。暴力団や中国マフィアなどの犯罪組織から宗教、食の安全まで丹念な取材で幅広くレポートを発表している。『食肉の帝王―巨富をつかんだ男　浅田満』で、2003年に第25回講談社ノンフィクション賞を受賞。著作に『池田大作「権力者」の構造』『パチンコ「30兆円の闇」』『山口組動乱!!』『ヤクザ崩壊　侵食される六代目山口組』『暴力団』など多数。

小学館101新書
126

抗争

二〇一二年二月六日　初版第一刷発行

著者　溝口　敦
発行者　森　万紀子
発行所　株式会社小学館
〒一〇一―八〇〇一　東京都千代田区一ツ橋二―三―一
電話　編集：〇三―三二三〇―五九六一
販売：〇三―五二八一―三五五五

装幀　おおうちおさむ
印刷・製本　中央精版印刷株式会社

Printed in Japan　ISBN 978-4-09-825126-1

小学館101新書

好評既刊ラインナップ

120
徳川将軍15代
264年の血脈と抗争
山本博文

正室を恐れて側室を隠し通した秀忠、52人の子もった家斉など、徳川将軍15代の血脈をたどることで、江戸時代を概観する。

121
90分でわかる平家物語
櫻井陽子

わかりやすいあらすじ解説や人物辞典など、2012年NHK大河ドラマ『平清盛』を楽しむ手引きとしても最適な平家物語入門書。

122
復興増税の罠
河村たかし

現名古屋市長・河村たかしが「政治と行政のウソ」を暴き、増税なしで日本を「復興&再生」する方法を提言する。

123
京大・東田式 日本語力向上パズル
東田大志

日本で唯一の「パズル学」研究者である東田大志による、語彙力・漢字力・思考力を鍛えるパズル本。アンチエイジングにも効果アリ。

ビジュアル新書 017
セーヌで生まれた印象派の名画
島田紀夫

印象主義の技法と様式は、セーヌ川流域で生まれ、育まれた。モネ・ルノワールら巨匠たちの名画誕生の秘密に迫る。